ACCESO GRATIS *a la Lectura en la Nube*

Para visualizar el libro electrónico en la nube de lectura envíe junto a su nombre y apellidos una fotografía del código de barras situado en la contraportada del libro y otra del ticket de compra a la dirección:

ebooktirant@tirant.com

En un máximo de 72 horas laborables le enviaremos el código de acceso con sus instruccione

La visualización del libro en **NUBE DE LECTURA** excluye los usos bibliotecarios y públicos que puedan poner el archivo electrónico a disposición de una comunidad de lectores. Se permite tan solo un uso individual y privado

Tomo XXXVII

ESQUEMAS DE DERECHO CIVIL IV
DERECHO DE FAMILIA

Tomo XXXVII

ESQUEMAS DE DERECHO CIVIL IV DERECHO DE FAMILIA

7ª Edición

Directora:

Ana Cañizares Laso
Catedrática de Derecho Civil - UMA

Autoría:

Carmen Sánchez Hernández
Catedrática de Derecho Civil - UMA

María del Carmen Luque Jiménez
Profesora Titular de Derecho Civil - UMA

Nieves Rojano Martín
Personal investigador predoctoral en formación

Alejandro Araque García
Personal investigador predoctoral en formación

tirant lo blanch

Valencia, 2024

En caso de erratas y actualizaciones, la Editorial Tirant lo Blanch publicará la pertinente corrección en la página web www.tirant.com.

EDITA: TIRANT LO BLANCH
C/ Artes Gráficas, 14 - 46010 - Valencia
TELFS.: 96/361 00 48 - 50
FAX: 96/369 241 51
Email:tlb@tirant.com
www.tirant.com
Librería Virtual: www.tirant.es
DEPÓSITO LEGAL: V-1606-2024
ISBN: 978-84-1056-852-5
MAQUETA: Tink Factoría de Color

Si tiene alguna queja o sugerencia, envíenos un mail a: atencioncliente@tirant.com. En caso de no ser atendida su sugerencia, por favor, lea en *www.tirant.net/index.php/empresa/politicas-de-empresa* nuestro Procedimiento de quejas.

Responsabilidad Social Corporativa: http://www.tirant.net/Docs/RSCTirant.pdf

Relación de autoría:

CARMEN SÁNCHEZ HERNÁNDEZ: *Temas 5 y 7*

ALEJANDRO ARAQUE GARCÍA: *Tema 1 [Apartados 1.1, 1.2 y 1.3]*

NIEVES ROJANO MARTÍN*: Tema 6*

MARÍA DEL CARMEN LUQUE JIMÉNEZ*: Temas 1* [Apartado 1.4]*, 2, 3 y 4*

Índice General

Presentación

El Derecho de Familia puede ser considerado como aquel sector del Derecho Civil que más transformaciones ha experimentado en los últimos tiempos debido, precisamente, a las modificaciones que se han producido en la propia estructura de la familia. El grupo familiar, con independencia de su configuración y extensión, constituye un dato "prenormativo", en la medida en que las personas que lo forman y sus descendientes no habían requerido con anterioridad la organización previa del Derecho de familia, para poder constituirse como un grupo social al que siempre se le ha denominado familia.

El Derecho de Familia es posterior al hecho de la familia, la cual es una institución social que, como objeto de regulación jurídica, deviene en institución asimismo jurídica. En la actualidad, la regulación existente parte de un concepto de familia nuclear basada en la unión matrimonial o extramatrimonial de carácter estable entre dos personas, cuyo fundamento es el afecto mutuo y el desarrollo de una vida en común, en compañía de sus descendientes.

El núcleo del Derecho de Familia lo constituyen un conjunto de hechos familiares considerados "primarios", tales como la constitución de la pareja, en la cual puede existir o no vínculo matrimonial, y sus posibles situaciones de crisis; las relaciones existentes entre padres e hijos, y las relaciones personales y patrimoniales entre los miembros de la pareja. Dentro del Derecho de Familia, es objeto de estudio también la institución de la guarda de los menores e incapacitados no sometidos a patria potestad, como es la tutela.

Con la elaboración de estos esquemas se pretende facilitar a los alumnos el estudio de esta materia concreta del Derecho Civil. Se trata de una herramienta de apoyo para el análisis posterior de los manuales y tratados necesarios para la comprensión del Derecho de Familia, permitiendo un primer acercamiento a las diferentes instituciones que lo componen.

1. Introducción al Derecho de Familia

1.1. INTRODUCCIÓN

Tradicionalmente el Derecho de Familia se explica como una rama del Derecho Privado que tiene como objeto el estudio de las normas de organización de las relaciones jurídicas derivadas de relaciones familiares. Sin embargo, el objeto de esta rama del Derecho ni es estático ni el Derecho tiene la virtualidad de su desarrollo al mismo ritmo que las mismas. Cuando hablamos de familia, tal y como señala la doctrina, nos encontramos con una realidad prejurídica, viva y mutante, sin perjuicio de los intereses sociales derivados de dichas relaciones que son objeto de protección y atención por el Derecho Público. De ahí que la doctrina hable de Derecho de Familias.

La función del ordenamiento jurídico con relación a las instituciones familiares es diversa, ya que se le atribuyen multitud de funciones que han de ser estudiadas y analizadas desde el prisma no sólo de nuestro texto constitucional, sino también de la multitud de acuerdos y tratados internacionales, especialmente por lo que a los menores y la infancia se refiere. Nos encontramos ante una rama del Derecho privado en la que la libertad individual y la autonomía de la voluntad del individuo tienen un ámbito bastante más limitado que en otros sectores del derecho privado, al entrar en conflicto con otros principios o valores constitucionales igualmente dignos de tutela. A través del estudio del concepto mismo de familia, se intenta en el Derecho de Familia su acotamiento como institución jurídica, sin perjuicio de su proyección sociológica, ética o moral. Es objeto de estudio en esta obra las siguientes materias: el derecho de alimentos, el derecho matrimonial, en su aspecto personal y patrimonial; la filiación así como los sistemas de protección del menor (patria potestad, acogimiento y adopción, así como la tutela y demás instituciones tutelares).

1.2. FAMILIAS Y DERECHO

1.2.1. Marco constitucional del Derecho de Familia

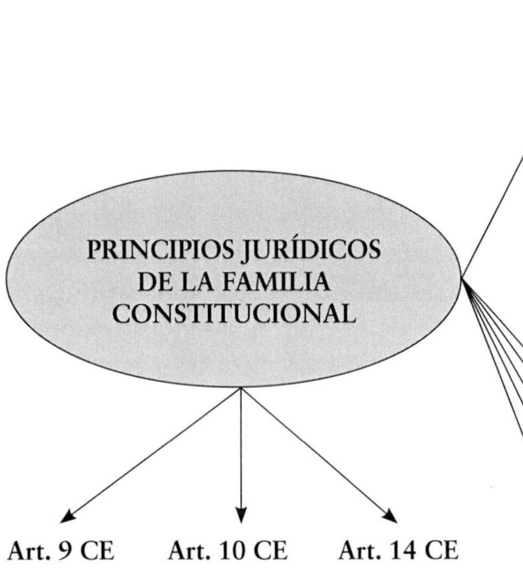

"PROTECCIÓN SOCIAL, JURÍDICA Y ECONÓMICA DE LA FAMILIA" (art. 39 CE)

"PROTECCIÓN INTEGRAL DE LOS HIJOS": igualdad ante la ley con independencia de la filiación (art. 14 CE)

"PROTECCIÓN DE LAS RELACIONES PATERNO-FILIALES"

- durante la minoría de edad: patria potestad (art. 154 CC)
- tras la mayoría de edad: el derecho de alimentos (art. 142 CC)

"PROTECCIÓN DEL NIÑO"

- LO 8/2015, de 22 de julio, de modificación del sistema de protección a la infancia y a la adolescencia
- Ley 26/2015, de 28 de julio, de modificación del sistema de protección a la infancia y la adolescencia

Art. 27 CE: Derecho a la educación

Art. 32 CE: Derecho a contraer matrimonio con plena igualdad jurídica

Art. 48 CE: Participación de la juventud

Art. 49 CE: Políticas con respecto a los disminuidos físicos, psíquicos y sensoriales

Art. 50 CE: Protección de los ciudadanos durante la tercera edad

1.2.2. Características del Derecho de Familia

1. **LA FAMILIA COMO INSTITUCIÓN PREJURÍDICA:** el concepto de familia va más allá de lo que el Derecho acote como tal. En él confluyen cuestiones éticas, religiosas, sociológicas, culturales y económicas.
   a) Funciones de la familia:
      i. Función social: como instrumento de socialización del individuo.
      ii. Función de cohesión y auxilio mutuo: art. 142 y ss CC.
   b) Funciones instrumentales del Derecho de Familia:
      i. El Derecho como instrumento de organización de la vida social en materia de familia.
      ii. El Derecho como instrumento de regulación de las relaciones familiares y de las pretensiones de sus miembros.
      iii. El Derecho como instrumento o vehículo de cambio social.

2. **"ORDEN PÚBLICO FAMILIAR":** aun siendo una rama del Derecho Civil, existe un interés público en la defensa y protección de la familia como institución, en especial con respecto a los menores y a la protección de la infancia. **Instrumentos de protección jurídica de la familia,** en especial de
   1. Menores y adolescentes: LO 1/1996, de 15 de enero de Protección Jurídica del Menor: modificada por la LO 8/2015, de 22 de julio, de modificación del sistema de protección a la infancia y a la adolescencia y Ley 26/2015, de 28 de julio, de modificación del sistema de protección a la infancia y la adolescencia.
   2. Discapacidad: Convención Internacional de Naciones Unidas sobre Derechos de Personas con Discapacidad (ratificada por España 23.11.2007; RD Legislativo 1/2013, de 29 de noviembre, por el que se aprueba el Texto Refundido de la Ley General de derechos de las personas con discapacidad y de su inclusión social; Ley 8/2021, de 2 de junio, por la que se reforma la legislación civil y procesal para el apoyo a las personas con discapacidad en el ejercicio de su capacidad jurídica).

3. **CARÁCTER IMPERATIVO/CARÁCTER DISPOSITIVO DE LA NORMAS DEL DERECHO DE FAMILIA:** la constante evolución de la familia y de sus diversos aspectos desde la perspectiva constitucional se manifiesta la ampliación del marco jurídico de la autonomía de la voluntad en la materia jurídico-familiar, sin que ello disminuya la presencia de las normas de derecho público en las que se tutela los intereses familiares desde otras ramas del Derecho.

1.3. EL PARENTESCO

1. DEFINICIÓN:

Cualidad recíprocamente atribuida a dos personas ligadas entre sí por:

- **consanguinidad** (existencia de un ascendiente común)
- **afinidad** (por matrimonio de los miembros de una familia con el de la otra).

2. PROXIMIDAD EN EL PARENTESCO (Art. 915-917 CC)

- Se determina por el número de generaciones.
- Cada generación forma un grado. La serie de grados forman una línea.
- Líneas
  - **Directa/recta:** la constituida por serie de grados entre personas que descienden una de otra:
    - **Descendente:** une al cabeza de familia con los que descienden de él.
    - **Ascendente:** liga a una persona con aquellos de quienes desciende.
  - **Colateral:** la constituida por la serie de grados entre personas que no descienden unas de otras, pero que proceden de un tronco común.

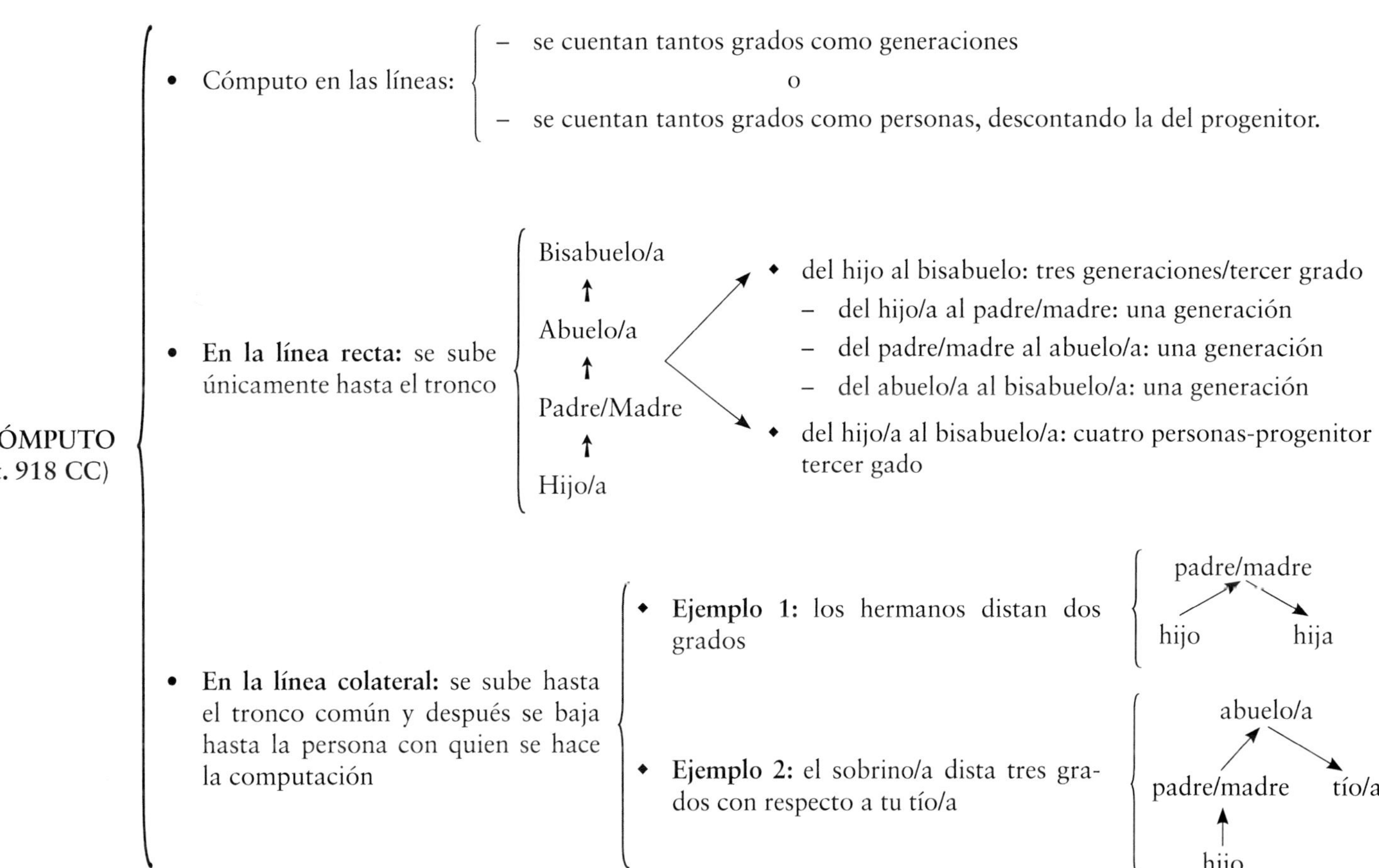
3. CÓMPUTO
(Art. 918 CC)
• Cómputo en las líneas:
– se cuentan tantos grados como generaciones
o
– se cuentan tantos grados como personas, descontando la del progenitor.
• En la línea recta: se sube únicamente hasta el tronco
Bisabuelo/a
Abuelo/a
Padre/Madre
Hijo/a
• del hijo al bisabuelo: tres generaciones/tercer grado
– del hijo/a al padre/madre: una generación
– del padre/madre al abuelo/a: una generación
– del abuelo/a al bisabuelo/a: una generación
• del hijo/a al bisabuelo/a: cuatro personas-progenitor = tercer gado
• En la línea colateral: se sube hasta el tronco común y después se baja hasta la persona con quien se hace la computación
• Ejemplo 1: los hermanos distan dos grados
padre/madre
hijo
hija
• Ejemplo 2: el sobrino/a dista tres grados con respecto a tu tío/a
abuelo/a
padre/madre
tío/a
hijo

1.4. LA OBLIGACIÓN DE ALIMENTOS ENTRE PARIENTES

1.4.1. Fundamento

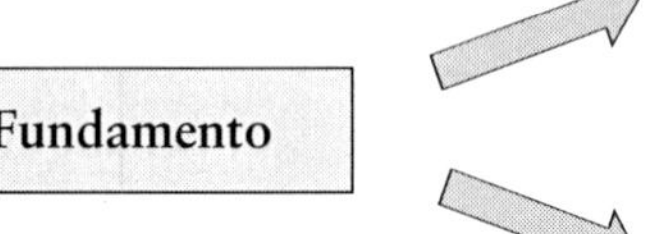

Fundamento

La obligación de prestar alimentos no se fundamenta en deber ético, sino en el principio de solidaridad familiar entre los familiares más cercanos.

También se fundamenta en una obligación del Estado que coexiste con la obligación familiar.

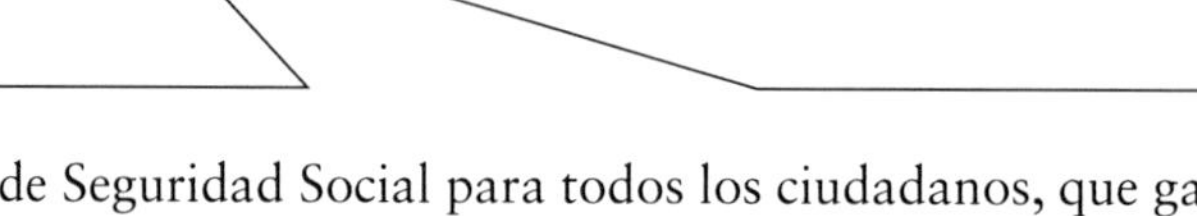

Art. 41 CE: Los poderes públicos mantendrán un régimen público de Seguridad Social para todos los ciudadanos, que garantice la asistencia y prestaciones sociales suficientes ante situaciones de necesidad, especialmente en caso de desempleo. La asistencia y prestaciones complementarias serán libres.

Art. 49 CE: Los poderes públicos realizarán una política de previsión, tratamiento, rehabilitación e integración de los disminuidos físicos, sensoriales y psíquicos a los que prestarán la atención especializada que requieran y los ampararán especialmente para el disfrute de los derechos que este Título otorga a todos los ciudadanos.

Art. 50 CE: Los poderes públicos garantizarán, mediante pensiones adecuadas y periódicamente actualizadas, la suficiencia económica a los ciudadanos durante la tercera edad. Asimismo, y con independencia de las obligaciones familiares, promoverán su bienestar mediante un sistema de servicios sociales que atenderán sus problemas específicos de salud, vivienda, cultura y ocio

Art. 27.4 CE: La enseñanza básica es obligatoria y gratuita.

1.4.2. Naturaleza y características

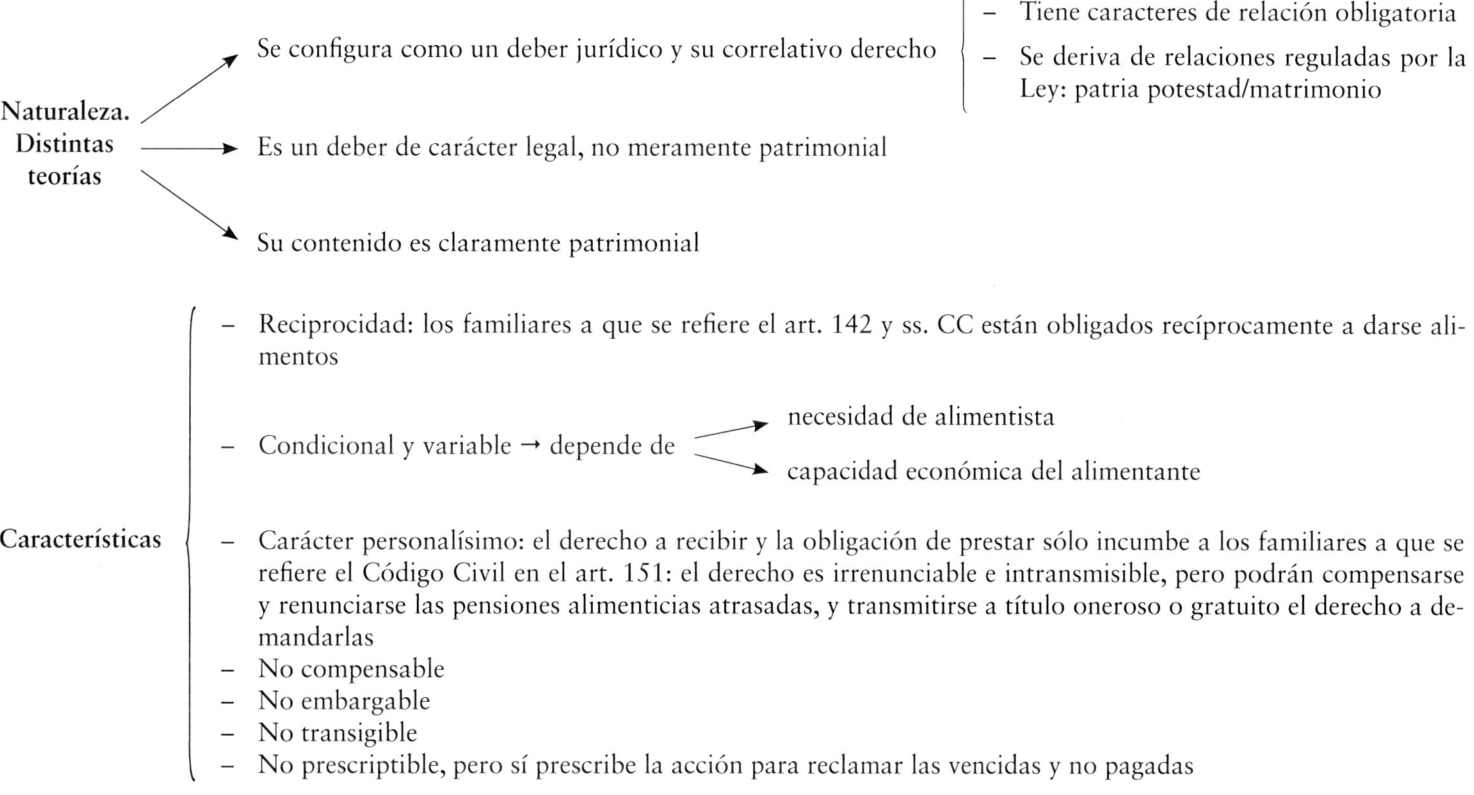

1.4.3. *Extensión y cuantía*

EXTENSIÓN Art. 142 CC: Se entiende por alimentos todo lo que es indispensable para:	• Sustento • Habitación • Vestido • Asistencia médica • Educación, instrucción • Embarazo y parto

CUANTÍA	
146 CC: La cuantía de los alimentos será proporcionada a:	147 CC: oscilación/acomodación: Los alimentos se reducirán o aumentarán proporcionalmente según el aumento o disminución que sufran:
• caudal o medios del que los da • necesidad del alimentista	• necesidades alimentista • fortuna del deudor

1.4.4. Sujetos

<table>
<tr>
<td>SUJETOS:
Art. 143 CC: obligados a darse alimentos (obligación recíproca)</td>
<td>
• Cónyuge:
– Obligación dentro de los deberes de los arts. 67 y 68 CC de ayuda y socorro y también dentro del levantamiento de cargas
– La separación de hecho no priva del derecho a alimentos

• Ascendientes y descendientes:
– Línea recta, da igual el grado

Relación paterno-filial:
✓ Derecho de los hijos y deber de los padres
✓ Dentro de la patria potestad
✓ También si hay privación de patria potestad
✓ Mayoría de edad incluida

– Ya sean hijos matrimoniales o extramatrimoniales
– La separación, nulidad o divorcio no eximen a los padres de esta obligación

• Hermanos: Sólo los auxilios necesarios para la vida cuando los necesiten por cualquier causa que no sea imputable al alimentista, y se extenderán en su caso a los que precisen para su educación
</td>
</tr>
</table>

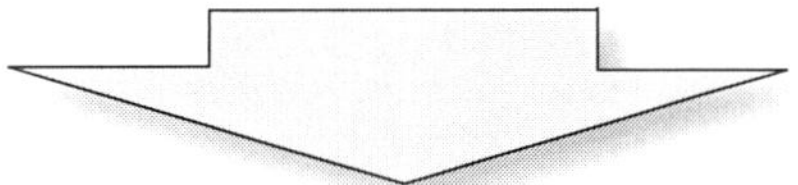

1.4.5. Jerarquía

JERARQUÍA:
La reclamación de alimentos cuando proceda y sean dos o más los obligados a prestarlos se hará por el orden siguiente

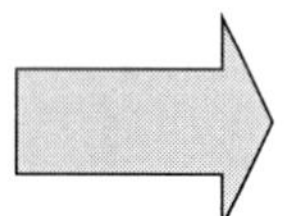

Art. 144 CC: si hay varios obligados:

1º Cónyuge
2º Descendientes
3º Ascendientes
4º Hermanos vínculo doble
5º Hermanos vínculo sencillo

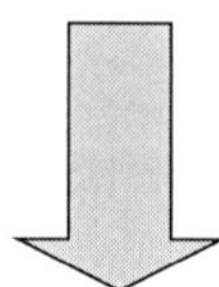

Art. 145 CC: si hay dos o más obligados de dar alimentos:

1º. La pensión se repartirá en proporción a su caudal:
⇨ Por tanto, no rige la regla de la solidaridad
2º. En caso de urgente necesidad y por circunstancias especiales, podrá el Juez obligar a una sola de ellas a que los preste provisionalmente, sin perjuicio de su derecho a reclamar de los demás obligados la parte que les corresponda
3º. Cuando dos o más alimentistas reclamaren a la vez alimentos de una misma persona obligada legalmente a darlos, y ésta no tuviere fortuna bastante para atender a todos, se guardará el orden establecido en el artículo anterior, a no ser que los alimentistas concurrentes fuesen el cónyuge y un hijo sujeto a la patria potestad, en cuyo caso éste será preferido a aquél

1.4.6. Reclamación y extinción

RECLAMACIÓN Art. 148 CC: supuesto de reclamación judicial (posible cumplimiento voluntario)	• Exigible desde necesidad • Se abonan desde la demanda: se verificará el pago por meses anticipados, y, cuando fallezca el alimentista, sus herederos no estarán obligados a devolver lo que éste hubiese recibido anticipadamente • Petición del alimentista o Ministerio Fiscal • Medidas cautelares: anticipos por entidad pública • Situaciones: – Juicio iniciado; – Incumplimiento de condena; – Condena, previsible incumplimiento

EXTINCIÓN: **cesará la obligación de dar alimentos**	• Muerte: acreedor o deudor • Sobrevenida insuficiencia patrimonial del deudor: desatiende sus necesidades y las de su familia • Desaparece la necesidad del alimentista: pueda ejercer un oficio, profesión o industria, o haya adquirido un destino o mejorado de fortuna • Mala conducta del alimentista: ❍ Causa de desheredación ❍ Mala conducta del alimentista descendiente, no aplicación al trabajo • Prescripción: ❍ No prescribe el derecho ❍ Prescribe la acción: 5 años (art. 1966 CC)

1.4.7. Cumplimiento

CUMPLIMIENTO: (149 CC)	• "Ius variandi": obligado a prestar elige – Pago de pensión – Recibir y mantener en su casa • Tradicionalmente: acoger en casa • Reforma LO 1/1996: No "ius variandi" si → – Contradice situación de convivencia por ley/juez – Justa causa – Perjudica interés de menor

Incumplimiento → **Sanciones** →

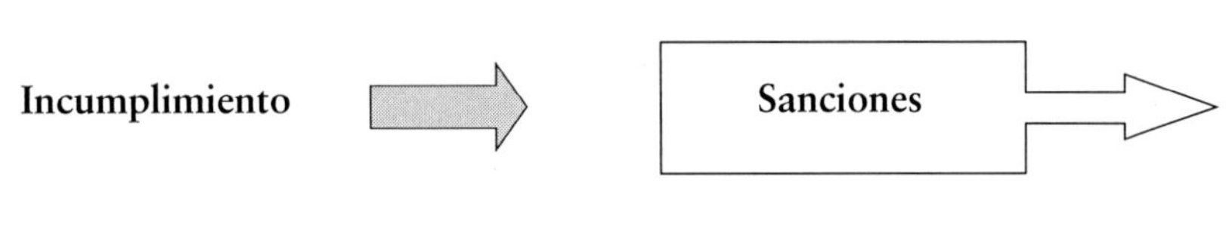

- Embargo y ejecución forzosa
- Delito (arts. 226-228 CP)
- Causa de privación de la patria potestad (art. 170 CC)
- Justa causa de desheredación
- Justa causa de revocación de donaciones (art. 648 CC)

1.4.8. Obligación de alimentos no derivada de la ley

Obligación de alimentos no derivada de la ley (art. 153 CC): aplicables arts. 142 y ss. CC subsidiariamente

→ Ordenada en testamento

→ Acordada en pacto: contrato "vitalicio" o contrato de alimentos

Contrato de alimentos (arts. 1791-1797 CC)		
Concepto	Por el contrato de alimentos una de las partes se obliga a proporcionar vivienda, manutención y asistencia de todo tipo a una persona durante su vida, a cambio de la transmisión de un capital en cualquier clase de bienes y derechos	
Sustitución por pensión	**Supuestos**	– la muerte del obligado a prestar los alimentos – concurrir cualquier circunstancia grave que impida la pacífica convivencia de las partes
	Fijación	– Prevista en contrato – Pacto – Judicialmente
Extensión	– Según contrato – No depende de caudal y necesidades del obligado ni de las del caudal de quien los recibe	

Extinción	– Muerte del alimentista – No aplicación de las causas del art. 152 CC
Incumplimiento	⇨ Opción del alimentista entre exigir: – cumplimiento – resolución del contrato → el deudor de los alimentos debe restituir inmediatamente los bienes que recibió por el contrato: • posible aplazamiento a favor de alimentista • habrá de resultar para el alimentista un superávit suficiente para constituir, de nuevo, una pensión análoga por el tiempo que le quede de vida

2. Derecho matrimonial I. Concepto, capacidad, consentimiento, modos de celebración y efectos

2.1. INTRODUCCIÓN

La institución del matrimonio se manifiesta como uno de los pilares básicos en los que se asienta el Derecho de familia. El elemento esencial de la misma es el consentimiento, cuya trascendencia requiere que haya de manifestarse por los contrayentes bajo determinadas solemnidades, ante las autoridades competentes. Del mismo modo, la capacidad para contraerlo se encuentra limitada, en atención al grado de madurez que el legislador entiende que se precisa para el acto.

El matrimonio es una institución tradicional con un innegable arraigo social, lo que hace que la normativa dé respuesta a esta realidad facilitando la celebración del mismo no sólo en forma civil, sino también en forma religiosa, reconociéndole plena validez y efectos siempre que se cumplan unos mínimos requisitos establecidos en los acuerdos pertinentes entre las confesiones religiosas y el Estado, o, en su defecto, conforme a lo establecido por la legislación de éste. La regulación del Código en estos aspectos recoge el principio de estado aconfesional, si bien manteniendo las debidas relaciones de cooperación con la Iglesia Católica y las demás confesiones, establecido en el art. 16 de la Constitución; a la vez que se favorece el derecho a contraer matrimonio consagrado en el art. 32 de la misma Norma Fundamental.

A pesar del reseñado carácter tradicional de la institución, la reforma de la Ley 13/2005 introduce en nuestro Ordenamiento el matrimonio entre personas del mismo sexo, adaptando el concepto clásico de matrimonio como unión entre hombre y mujer, y sin establecer límite ni distinción alguna en la forma o efectos.

Las parejas de hecho surgen como figura paralela al matrimonio, pero carente de sus efectos legales. La regulación de los efectos de la convivencia de hecho en estos casos es inexistente en el Código civil, existiendo únicamente ciertas normas autonómicas y debiendo acudir a la Jurisprudencia para completar la laguna legal en la materia.

La actual regulación del matrimonio, es reflejo, en definitiva, de una sociedad moderna y democrática, en la que se mantiene una institución fuertemente arraigada, si bien evolucionada, acogiendo el principio de igualdad jurídica de los cónyuges (art. 32 CE) que inspira toda la regulación de sus efectos, así como los deberes y obligaciones de los cónyuges.

2.2. PRESUPUESTOS Y EVOLUCIÓN

Presupuestos del matrimonio	⇨ Capacidad matrimonial ⇨ Consentimiento matrimonial ⇨ Formas o solemnidades del acto

EVOLUCIÓN: Modificaciones legislativas	• CE: ❍ Art. 16: Estado aconfesional, cooperación con confesiones. ❍ Art. 32.2: El hombre y la mujer tienen derecho a contraer matrimonio con plena igualdad jurídica. • Concordato de 1953 sustituido por Acuerdo entre el Estado Español y la Santa Sede sobre asuntos jurídicos de 3 de enero de 1979. • Ley 11/1981, de 13 de mayo y Ley 30/1981, de 7 de julio. • Ley 13/2005, de 1 de julio, por la que se modifica el Código civil en materia de derecho a contraer matrimonio, autoriza a contraer matrimonio a personas del mismo sexo. • Ley 15/2015, de 2 de julio, de Jurisdicción Voluntaria.

2.3. PAREJAS DE HECHO

<table>
<tr><td rowspan="3">PAREJAS DE HECHO</td><td>▸ Intento de equiparación con el matrimonio: principio de igualdad (art. 14 CE) y libre desarrollo de la personalidad (art. 10 CE) → Dificultad por existir garantía constitucional de la institución del matrimonio.</td></tr>
<tr><td>▸ Legislación:
▪ Normativa de las CCAA : Regulan concepto, requisitos, registros para su publicidad, efectos económicos y extinción.
▪ Legislación estatal, sólo las reconoce en supuestos concretos:
– Ley 2/1987, de 11 de noviembre reforma la adopción.
– Ley 29/1994, de 24 de noviembre de Arrendamientos Urbanos.
– Últimas reformas Codigo civil (Ley 41/2003, Ley 15/2015, Ley 8/2021).</td></tr>
<tr><td>▸ Jurisprudencia:
▪ Negación de equiparación a los efectos económicos del matrimonio.
▪ Protección por las siguientes vías:
⇨ Ruptura de convivencia: indemnización al perjudicado:
○ Por analogía con art. 97 CC, primeras sentencias.
○ Actualmente, por enriquecimiento injusto.
⇨ Idea de copropiedad y aportaciones a una sociedad universal.</td></tr>
</table>

2.4. LA PROMESA DE MATRIMONIO

Concepto	Se trata de un compromiso manifestado de contraer futuro matrimonio

Características (arts. 42 y 43 CC)		
	Inexigibilidad	*La promesa de matrimonio no produce obligación de contraerlo ni de cumplir lo que se hubiere estipulado para el supuesto de su no celebración. No se admitirá a trámite la demanda en que se pretenda su cumplimiento*
	Daños indemnizables	*El incumplimiento sin causa de la promesa cierta de matrimonio hecha por persona mayor de edad o por menor emancipado sólo producirá la obligación de resarcir a la otra parte de los gastos hechos y las obligaciones contraídas en consideración al matrimonio prometido*
	Caducidad de la acción	*Un año contado desde el día de la negativa a la celebración del matrimonio*

Legitimación		
	Activa	– El prometido que no haya roto la promesa – El que rompe su promesa por causa imputable a la otra parte
	Pasiva	– El que incumple la promesa sin causa y ocasiona perjuicios

2.5. CAPACIDAD

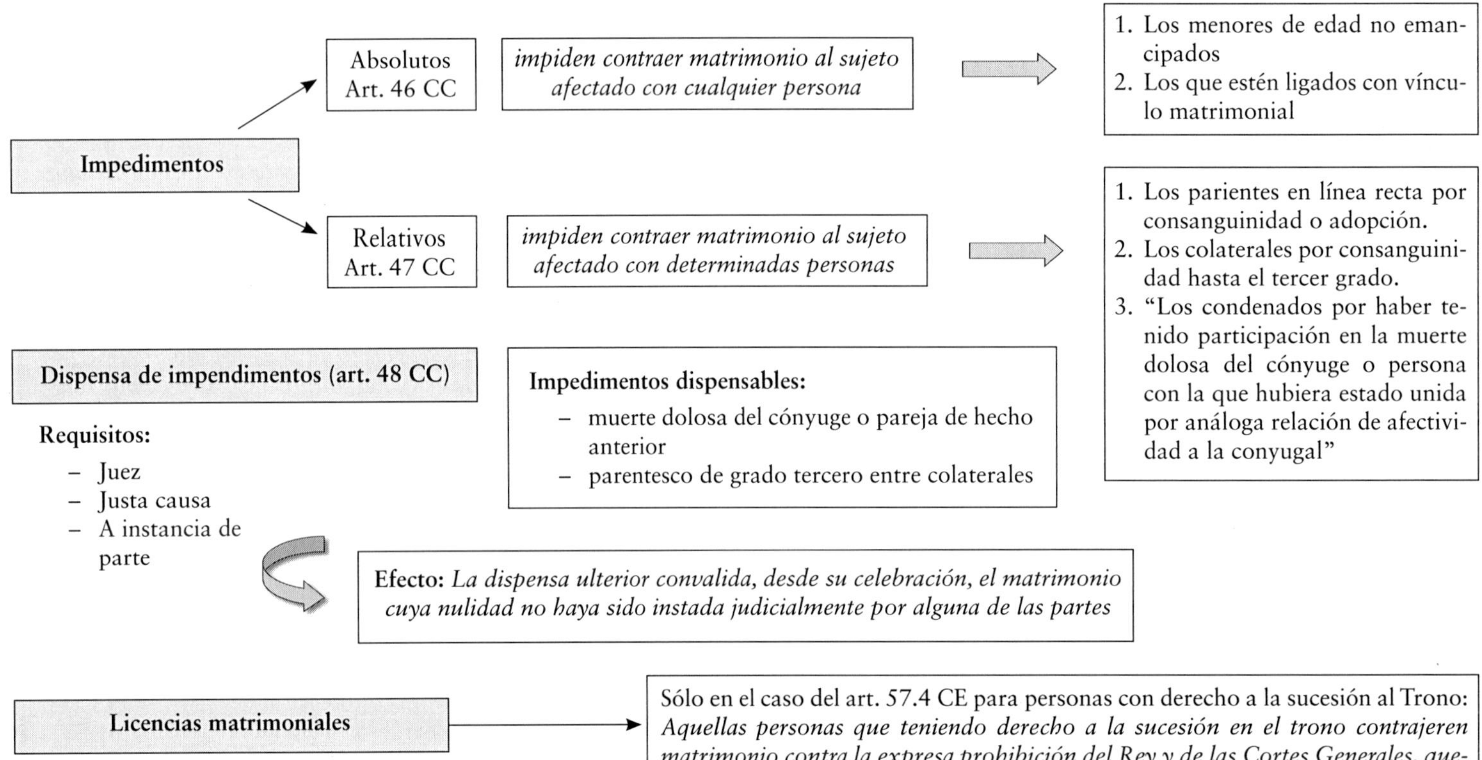

2.6. CONSENTIMIENTO MATRIMONIAL

Art. 45 CC

No hay matrimonio sin consentimiento matrimonial

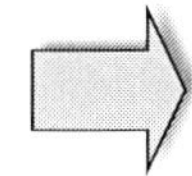

La condición, término o modo del consentimiento se tendrá por no puesta

Necesario previo expediente tramitado conforme a la legislación del Registro Civil

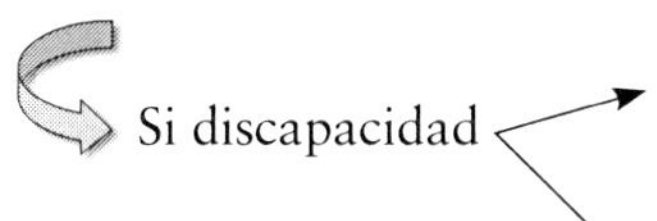

Si discapacidad

- Apoyo humano, técnicos y materiales que faciliten la emisión, interpretación y recepción del consentimiento
- Excepcionalmente se recabará dictamen médico sobre su aptitud para prestar el consentimiento

MATRIMONIO POR PODER (art. 55 CC)	
Requisitos	• Poder especial en forma auténtica (art. 1280, núm. 5 CC). • Siempre será necesaria la asistencia personal del otro contrayente. • En el poder se determinará la persona con quien ha de celebrarse el matrimonio, con expresión de las circunstancias personales precisas para establecer su identidad.
Extinción del poder	• Revocación del poderdante: ▪ Bastará su manifestación en forma auténtica antes de la celebración del matrimonio. ▪ La revocación se notificará de inmediato a quien tramite el acta o a quien haya de celebrarlo si ya está terminada la tramitación. • Renuncia del apoderado. • Muerte de cualquiera de ellos.

2.7. MODOS DE CELEBRACIÓN

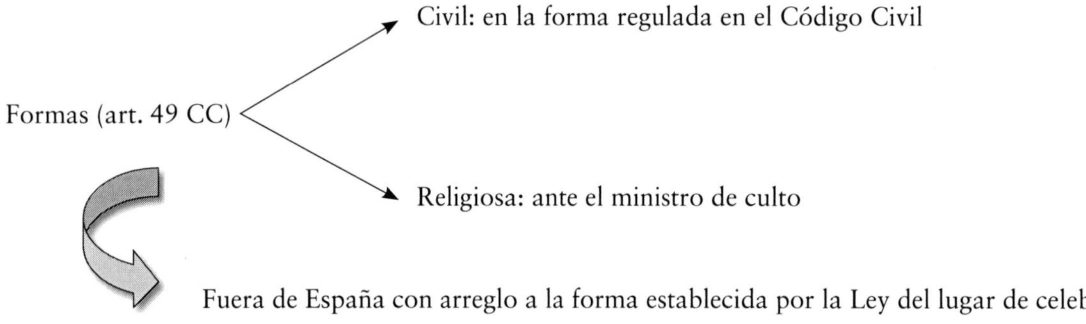

<table>
<tr><th colspan="2">FORMA CIVIL</th></tr>
<tr><td>Expediente matrimonial (arts. 56 CC y 58 LRC)</td><td>– Acreditar requisitos de capacidad e inexistencia de impedimentos.
– Apoyo para prestar el consentimiento a personas con discapacidad y excepcionalmente dictamen médico.
– Competencia:
• Desde la entrada en vigor de la Ley 20/2011: letrado de la administración de justicia, notario o encargado del Registro Civil (art. 51.1 CC y 58.2 LRC).
• Notarios: Instrucción Dirección General de Seguridad Jurídica y Fe Pública 3 de junio de 2021.</td></tr>
</table>

<table>
<tr><td>Competencia para celebrar (arts. 51, 57 CC)</td><td>1. El Juez de Paz o el Alcalde del municipio donde se celebre el matrimonio o concejal en quien éste delegue.
2. El Letrado de la Administración de Justicia o Notario libremente elegido por ambos contrayentes que sea competente en el lugar de celebración.
3. El funcionario diplomático o consular Encargado del Registro Civil en el extranjero.</td></tr>
<tr><td rowspan="2">Ceremonia</td><td>• Intervinientes:
– Contrayentes (salvo poder).
– Autorizante: elección de los contrayentes, diferencias según quién haya tramitado el expediente (art. 57 CC).
– Dos testigos mayores de edad.</td></tr>
<tr><td>• Formalidades
– Lectura por el autorizante de los artículos 66, 67 y 68 CC.
– Pregunta a cada uno de los contrayentes si consienten en contraer matrimonio con el otro y si efectivamente lo contraen en dicho acto.
– Respuesta afirmativa de ambos.
– Se declarará que los mismos quedan unidos en matrimonio y extenderá la inscripción o el acta correspondiente.</td></tr>
</table>

<table>
<tr><th colspan="3">FORMA RELIGIOSA (art. 60 CC y 58 bis LRC)</th></tr>
<tr><td>Consentimiento</td><td colspan="2">• Forma prevista por una confesión religiosa inscrita.
• Términos acordados con el Estado o en su defecto, autorizados por la legislación de éste.</td></tr>
<tr><td>Efectos</td><td colspan="2">Produce efectos civiles el matrimonio celebrado según:
– Derecho canónico.
– Otras formas religiosas previstas en los acuerdos de cooperación entre el Estado y las confesiones religiosas.
– Forma religiosa prevista por las iglesias, confesiones, comunidades religiosas o federaciones de las mismas que, inscritas en el Registro de Entidades Religiosas, hayan obtenido el reconocimiento de notorio arraigo en España.</td></tr>
<tr><td rowspan="5">Acuerdos</td><td>Santa Sede (3 de enero 1979)</td><td>– Según Derecho canónico
– No es necesario previo expediente según LRC
– Efectos sí requieren inscripción Registro civil</td></tr>
<tr><td>Federación Entidades Religiosas Evangélicas (Ley 24/1992, 10 noviembre)</td><td rowspan="4">– Expediente matrimonial previo según LRC (plazo de 6 meses para celebrar)
– Ministro de culto acreditado (certificación)
– Dos testigos mayores de edad
– Remisión electrónica de la documentación</td></tr>
<tr><td>Confederación de Comunidades Israelitas (Ley 25/1992, 10 noviembre)</td></tr>
<tr><td>Comisión Islámica (Ley 26/1992, 10 noviembre)</td></tr>
<tr><td>Otros (notario arraigo, art. 60.2 CC)</td></tr>
</table>

INSCRIPCIÓN EN EL REGISTRO CIVIL	
Efectos (art. 61 CC)	• Efectos civiles desde la celebración. • Pleno reconocimiento con inscripción en el Registro Civil. • Matrimonio no inscrito: no perjudicará los derechos adquiridos de buena fe por terceras personas.
Forma civil (art. 62 CC)	• Desde la entrada en vigor de la Ley 20/2011: se hace constar en acta o escritura pública firmada por aquél ante quien se celebre, los contrayentes y dos testigos. Se remitirá por el autorizante copia al Registro Civil competente.
Forma religiosa (art. 63 CC)	• Certificación de la iglesia, confesión, comunidad o federación respectiva (circunstancias exigidas por la legislación del Registro Civil). • Se denegará la práctica del asiento cuando de los documentos presentados o de los asientos del Registro conste que el matrimonio no reúne los requisitos para su validez.

2.8. FORMAS ESPECIALES DE MATRIMONIO

Matrimonio de españoles en el extranjeros (arts. 49)	• En la forma señalada por el Código: expediente y celebración ante funcionario diplomático o consular Encargado del Registro Civil. • Forma religiosa. • Forma establecida por la Ley del lugar de celebración.
Matrimonio de extranjeros en España (art. 50)	• Forma prescrita para los españoles. • Forma establecida por la Ley personal de cualquiera de ellos.
Matrimonio en peligro de muerte (art. 52)	– **Podrá autorizarlo:** 1. *El mismo autorizante según regla general del art. 51* 2. *Respecto de los militares en campaña, el Oficial o Jefe superior inmediato.* 3. *Respecto de los matrimonios que se celebren a bordo de nave o aeronave, el Capitán o Comandante de la misma.* – **Requisitos** ▪ Peligro de muerte. ▪ No requiere la previa formación de expediente (comprobación antes de la inscripción —art. 65 CC—). ▪ Presencia, en su celebración, de dos testigos mayores de edad, salvo imposibilidad acreditada. ▪ Dictamen médico si el peligro de muerte deriva de enfermedad o estado físico de alguno de los contrayentes.

Matrimonio secreto (arts. 54 y 64)	– Causa grave. – Suficientemente probada. – Autorización por Ministro de Justicia podrá autorizar el matrimonio secreto. – El expediente se tramitará reservadamente, sin la publicación de edictos o proclamas. – Inscripción en el libro especial del Registro Civil Central – No perjudica derechos adquiridos de buena fe por terceras personas sino desde su publicación en el Registro Civil ordinario.

2.9. EFECTOS DEL MATRIMONIO

Derechos y deberes de los cónyuges (arts. 66-68 y 71 CC)	• Principio de igualdad jurídica de los cónyuges: *Los cónyuges son iguales en derechos y deberes.* • Respeto, ayuda mutua y actuar en interés de la familia. • Vivir juntos. • Guardarse fidelidad. • Socorrerse mutuamente. • Compartir las responsabilidades domésticas y el cuidado y atención de ascendientes y descendientes y otras personas dependientes a su cargo. • No atribución de la representación del otro cónyuge sin que le hubiere sido conferida.
Domicilio conyugal (arts. 69-70 CC)	• Presunción de que los cónyuges viven juntos. • Los cónyuges fijarán de común acuerdo el domicilio conyugal. → En caso de discrepancia, resolverá el Juez, teniendo en cuenta el interés de la familia.

3. Derecho matrimonial II. Disolución, separación y nulidad. Efectos comunes y medidas provisionales

3.1. INTRODUCCIÓN

La tradicional consideración del matrimonio como vínculo indisoluble ha dado paso al reconocimiento y tratamiento legal de situaciones de crisis matrimonial. Éstas pueden derivar en la mera interrupción de la convivencia con carácter indefinido, temporal o no, como ocurre con la separación, o bien en la definitiva ruptura del vínculo, caso del divorcio, que se une a los supuestos naturales de disolución como son la muerte o declaración de fallecimiento. Además, la ruptura del vínculo puede venir causada por causas que determinan la inexistencia del mismo desde su origen como ocurre en el supuesto de la nulidad.

La regulación de las situaciones de crisis ha sufrido importantes modificaciones en los últimos años. Con la Ley 30/1981 se introdujo la regulación de la separación y el divorcio en nuestro Ordenamiento, estableciendo causas que podían dar lugar a su solicitud. Tras la reforma de la Ley 15/2005 la separación y el divorcio dejan de estar causalizados, reduciendo sus requisitos a meros plazos y, además, aportando propuesta de convenio en caso de que se solicite de mutuo acuerdo.

En todo caso, exista ruptura o no del vínculo, la Ley debe dar respuesta a los distintos aspectos del matrimonio que se ven afectados como consecuencia de la interrupción de la convivencia que conlleva toda crisis matrimonial. De este modo vienen a regularse un amplio elenco de efectos y medidas que abarcan desde el ámbito patrimonial (liquidación del régimen económico, atribución vivienda familiar, alimentos, pensión compensatoria) hasta el personal (guarda y custodia hijos, régimen de visitas), y que pueden tener lugar durante el procedimiento y de forma definitiva una vez terminado éste, e incluso pueden adoptarse cautelarmente antes de interponerse la correspondiente demanda.

Con la Ley 15/2015 de Jurisdicción Voluntaria se regula la separación o divorcio de mutuo acuerdo de los cónyuges sin hijos menores de edad fuera del ámbito judicial, atribuyendo al Secretario judicial y al Notario las funciones que hasta ahora correspondían al Juez y que también conllevan una reforma de la Ley 20/2011, de 21 de julio, del Registro Civil, de la Ley de Enjuiciamiento Civil y de la Ley del Notariado.

3.2. SEPARACIÓN

Legitimación para interponer judicialmente la acción de separación (art. 81 CC)	**1.º Ambos cónyuges o uno con el consentimiento del otro. Requisitos:** ▪ Transcurridos tres meses desde la celebración. ▪ Propuesta de convenio regulador redactada. **2.º Uno solo de los cónyuges. Requisitos:** ▪ Transcurridos tres meses desde la celebración. ▪ Sin plazo: riesgo para la vida, la integridad física, la libertad, la integridad moral o libertad e indemnidad sexual del cónyuge demandante o de los hijos de ambos o de cualquiera de los miembros del matrimonio. ▪ A la demanda se acompañará propuesta fundada de las medidas que hayan de regular los efectos derivados de la separación.
Separación mutuo acuerdo ante LAJ o Notario (art. 82 CC)	• Convenio regulador ante el Letrado de la Administración de Justicia o en escritura pública ante Notario (no los funcionarios diplomáticos o consulares, en ejercicio de las funciones notariales). • Requisito: ▪ No hijos menores no emancipados. ▪ No hijos mayores respecto de los que se hayan establecido judicialmente medidas de apoyo atribuidas a sus progenitores.

Separación mutuo acuerdo ante LAJ o Notario (art. 82 CC) (cont.)	• Intervención personal de los cónyuges para prestar consentimiento, asistidos de Letrado. • Intervención hijos mayores o menores emancipados respecto de las medidas que les afecten por carecer de ingresos propios y convivir en el domicilio familiar.
Efectos de la separación (art. 83 CC)	• Suspensión de la vida común de los casados. • Cesa la posibilidad de vincular bienes del otro cónyuge en el ejercicio de la potestad doméstica. • Necesaria inscripción en Registro Civil para efectos frente a terceros de buena fe.
Efecto de la reconciliación (art. 84 CC)	• Pone término al procedimiento de separación y deja sin efecto ulterior lo resuelto en él. • Ambos cónyuges separadamente deberán ponerlo en conocimiento del Juez que entienda o haya entendido en el litigio. • Mediante resolución judicial, serán mantenidas o modificadas las medidas adoptadas en relación a los hijos, cuando exista causa que lo justifique. • Si separación sin intervención judicial: debe formalizase en escritura pública o acta de manifestaciones • Inscripción en Registro Civil para efectos frente a terceros.
Separación de hecho: interrupción de la vida conyugal sin separación judicial	• Posibles pactos: ▪ Relaciones paterno filiales. Patria potestad: – No pactos respecto a titularidad – Sí puede pactarse ejercicio ▪ Relaciones entre los cónyuges: – Personales: ○ Desaparece las figuras de abandono de hogar y de domicilio conyugal ○ No hay renuncia de acciones en orden judicial – Alimentos: Posible pacto – Régimen económico matrimonial: Posible modificación (forma solemne del art. 1327 CC)

3.3. DISOLUCIÓN. EL DIVORCIO

Causas de disolución (Art. 85 CC)	• Muerte • Declaración de fallecimiento de uno de los cónyuges • Divorcio

DISOLUCIÓN POR DIVORCIO	
Legitimación activa (art. 86 y 87 CC)	• **Divorcio ante el Juez** (Mismos requisitos que en la separación tras la Ley 15/2005): ▪ Uno solo de los cónyuges ▪ Ambos cónyuges o un cónyuge con el consentimiento del otro • **Divorcio ante LAJ o Notario:** mismos casos que separación art. 82 (sin menores/ discapacitados).
Extinción de la acción de divorcio (art. 88 CC)	• Muerte de cualquiera de los cónyuges. • Reconciliación: ▪ Expresa si después de interpuesta la demanda. ▪ Si posterior al divorcio no produce efectos legales: posible nuevo matrimonio.
Efectos de la disolución del matrimonio por divorcio (art. 89 CC)	• Por sentencia que lo declare, decreto o escritura si es ante LAJ o Notario. • Efectos a partir firmeza de la sentencia o decreto o del otorgamiento de escritura. • No produce efectos respecto a terceros de buena fe sino desde inscripción Registro Civil.

3.4. NULIDAD

Causas de nulidad (art. 73 CC)	1.º Celebrado sin consentimiento matrimonial. 2.º Celebrado entre las personas a que se refieren los artículos 46 y 47 CC, salvo los casos de dispensa conforme al artículo 48. 3.º Que se contraiga sin la intervención del Juez de Paz, Alcalde o Concejal, Letrado de la Administración de Justicia, Notario o funcionario ante quien deba celebrarse, o sin la de los testigos (vigencia de la redacción pendiente de la Ley 20/2011). 4.º Celebrado por error en la identidad de la persona del otro contrayente o en aquellas cualidades personales que, por su entidad, hubieren sido determinantes de la prestación del consentimiento. 5.º Contraído por coacción o miedo grave.
Legitimación activa (art. 74-75 CC)	▪ Cónyuges ▪ Ministerio Fiscal ▪ Cualquier persona que tenga interés directo y legítimo en ella ⇨ Disposiciones especiales: • Causa de nulidad por falta de edad, mientras el contrayente sea menor sólo: ▪ Padres ▪ Tutores o guardadores ▪ Ministerio Fiscal ▪ Contrayente menor al llegar a la mayoría de edad (salvo que los cónyuges hubieren vivido juntos durante un año después de alcanzada) • Causa de nulidad por error, coacción o miedo grave: ▪ Cónyuge que hubiera sufrido el vicio. ▪ Caduca la acción y se convalida el matrimonio si los cónyuges hubieran vivido juntos durante un año después de desvanecido el error o de haber cesado la fuerza o la causa del miedo.

Matrimonio putativo (art. 79 CC)	• La declaración de nulidad del matrimonio no invalidará los efectos ya producidos respecto de los hijos y del contrayente o contrayentes de buena fe. • La buena fe se presume.
Nulidad acordada por tribunales eclesiásticos (art. 80 CC)	Resoluciones dictadas por los Tribunales eclesiásticos sobre nulidad de matrimonio canónico o las decisiones pontificias sobre matrimonio rato y no consumado: Eficacia orden civil Requisitos: • Solicitud de cualquiera de las partes. • Declaración ajustada al Derecho del Estado Resolución Juez civil competente (condiciones art. 954 LEC).

3.5. EFECTOS Y MEDIDAS COMUNES A LOS PROCEDIMIENTOS DE NULIDAD, SEPARACIÓN Y DIVORCIO

Situaciones posibles	• Existencia de acuerdo entre los cónyuges: convenio regulador (art. 90 CC). • Ausencia de acuerdo entre los cónyuges: medidas judiciales: ▪ previas: antes de la interposición de la demanda (arts. 104 y 105 CC) ▪ provisionales: adoptadas al interponer la demanda (arts. 102 y 103 CC) ▪ definitivas: adoptadas en la sentencia (arts. 91 a 101 CC)

3.5.1. Acuerdo: Convenio regulador

Contenido (art. 90 CC)	A) El cuidado de los hijos sujetos a la patria potestad de ambos, el ejercicio de ésta y, en su caso, el régimen de comunicación y estancia de los hijos con el progenitor que no viva habitualmente con ellos. B) Si se considera necesario, el régimen de visitas y comunicación de los nietos con sus abuelos, teniendo en cuenta, siempre, el interés de aquéllos. C) El destino de los animales de compañía teniendo en cuenta el interés de los miembros de la familia y el bienestar del animal. D) La atribución del uso de la vivienda y ajuar familiar. E) La contribución a las cargas del matrimonio y alimentos, así como sus bases de actualización y garantías en su caso. F) La liquidación, cuando proceda, del régimen económico del matrimonio. G) La pensión que conforme al art. 97 CC correspondiere satisfacer, en su caso, a uno de los cónyuges.

Aprobación judicial del convenio	• Excepción: salvo si son dañosos para los hijos o gravemente perjudiciales para uno de los cónyuges. • Si fueran gravemente perjudiciales para el bienestar de los animales de compañía, la autoridad judicial ordenará las medidas a adoptar. • Régimen de visitas y comunicación de los nietos con los abuelos, el juez podrá aprobarlo previa audiencia de los abuelos en la que éstos presten su consentimiento. • La denegación de los acuerdos habrá de hacerse mediante resolución motivada y en este caso los cónyuges deben someter a la consideración del juez nueva propuesta para su aprobación, si procede. • Si hay hijos comunes mayores de dieciséis años discapacitados, se adoptarán las medidas de apoyo. • Modificación de medidas cuando se alteren sustancialmente las circunstancias. • El Juez podrá establecer las garantías reales o personales que requiera el cumplimiento del convenio.

3.5.2. Medidas judiciales: Inexistencia de acuerdo

MEDIDAS PREVIAS (Art. 104 CC)
• Se adoptan por **solicitud** del cónyuge que se proponga demandar la nulidad, separación o divorcio de su matrimonio. • **Contenido:** igual que el de las medidas provisionales. • **Duración:** Estos efectos y medidas sólo subsistirán si, dentro de los treinta días siguientes a contar desde que fueron inicialmente adoptados, se presenta la demanda ante el Juez o Tribunal competente. *No incumple el deber de convivencia el cónyuge que sale del domicilio conyugal por una causa razonable y en el plazo de treinta días presenta la demanda o solicitud a que refieren los artículos anteriores.*

MEDIDAS PROVISIONALES	
• Se adoptan una vez admitida la demanda de nulidad, separación o divorcio.	
Efectos legales (art. 102 CC)	• Los cónyuges podrán vivir separados y cesa la presunción de convivencia conyugal. • Quedan revocados los consentimientos y poderes que cualquiera de los cónyuges hubiera otorgado al otro. • Salvo pacto en contrario, cesa la posibilidad de vincular los bienes privativos del otro cónyuge en el ejercicio de la potestad doméstica.
Medidas judiciales (art. 103 CC)	• Ejercicio de la patria potestad y derechos de visitas. • Animales de compañía. • Uso de la vivienda familiar y ajuar. • Fijar la contribución de cada cónyuge a las cargas del matrimonio. Se considerará contribución a dichas cargas el trabajo que uno de los cónyuges dedicará a la atención de los hijos comunes sujetos a patria potestad. • Señalar los bienes gananciales o comunes que, previo inventario, se hayan de entregar a uno u otro cónyuge y las reglas que deban observar en la administración y disposición, así como en la obligatoria rendición de cuentas sobre los bienes comunes o parte de ellos que reciban y los que adquieran en lo sucesivo. • Determinar el régimen de administración y disposición de aquellos bienes privativos que por capitulaciones o escritura pública estuvieran especialmente afectados a las cargas del matrimonio.

<table>
<tr><th colspan="2">MEDIDAS DEFINITIVAS</th></tr>
<tr><td colspan="2">• En defecto de acuerdo de los cónyuges o en caso de no aprobación del mismo, el Juez determinará las medidas que hayan de sustituir a las ya adoptadas con anterioridad.
• Estas medidas podrán ser modificadas cuando se alteren sustancialmente las circunstancias.</td></tr>
<tr><td>Hijos
(art. 92 CC)</td><td>• La separación, la nulidad y el divorcio no eximen a los padres de sus obligaciones para con los hijos.
• Derecho a ser oídos los hijos menores.
• Privación de la patria potestad cuando en el proceso se revele causa para ello.
• Patria potestad puede ser ejercida total o parcialmente por unos de los cónyuges.
• Derecho de visitas de progenitor no custodio y abuelos.
• Ejercicio compartido de la guarda y custodia de los hijos.
❍ Requisitos:
– Solicitud de los padres en la propuesta de convenio regulador o acuerdo en el transcurso del procedimiento. Excepcionalmente el Juez, a instancia de una de las partes, con informe del Ministerio Fiscal.
– El Juez adoptará las cautelas procedentes para el eficaz cumplimiento del régimen de guarda establecido.
– Principio de no separar a los hermanos.
– Informe del Ministerio Fiscal, y oír a los menores que tengan suficiente juicio.
❍ No procederá la guarda conjunta:
– cuando cualquiera de los padres esté incurso en un proceso penal iniciado por atentar contra la vida, la integridad física, la libertad, la integridad moral o la libertad e indemnidad sexual del otro cónyuge o de los hijos que convivan con ambos.</td></tr>
</table>

Hijos (art. 92 CC) (cont.)	– cuando el Juez advierta, de las alegaciones de las partes y las pruebas practicadas, la existencia de indicios fundados de violencia doméstica. – se apreciará también la existencia de malos tratos a animales, o la amenaza de causarlo, como medio para controlar o victimizar a las personas. • El Juez puede recabar dictamen de especialistas debidamente cualificados, relativo a la idoneidad del modo de ejercicio de la patria potestad y del régimen de custodia de los menores. • Medidas sobre hijos mayores o emancipados discapacitados (art. 91 CC) y derecho de visitas (art. 94 CC).
Vivienda familiar (art. 96 CC)	• **Si hay hijos comunes menores o discapacitados:** ❍ En defecto de acuerdo de los cónyuges aprobado por el Juez, el uso de la vivienda familiar y de los objetos de uso ordinario en ella corresponde a los hijos y al cónyuge en cuya compañía queden. ❍ Cuando algunos de los hijos queden en la compañía de uno y los restantes en la del otro, el Juez resolverá lo procedente. • **Si no hay hijos:** ❍ Podrá acordarse que el uso de tales bienes, por el tiempo que prudencialmente se fije, corresponda al cónyuge no titular, siempre que, atendidas las circunstancias, lo hicieran aconsejable y su interés fuera el más necesitado de protección. ***Disposición de la vivienda y bienes indicados cuyo uso corresponda al cónyuge no titular:*** *requerirá el consentimiento de ambas partes o, en su caso, autorización judicial.*
Alimentos (art. 93 CC)	Si convivieran en el domicilio familiar hijos mayores de edad o emancipados que carecieran de ingresos propios, el Juez, en la misma resolución, fijará los alimentos.

<table>
<tr><td>Animales de compañía (art. 94 bis CC)</td><td colspan="2">El juez confiará para su cuidado a los animales de compañía a uno o ambos cónyuges.</td></tr>
<tr><td>Liquidación del régimen económico (art. 95 CC)</td><td colspan="2">• La sentencia firme (decreto o escritura, en su caso) producirá, respecto de los bienes del matrimonio, la disolución del régimen económico matrimonial.
• Si la sentencia de nulidad declara la mala fe de uno sólo de los cónyuges, el que hubiere obrado de buena fe podrá optar por aplicar en la liquidación del régimen económico matrimonial las disposiciones relativas al régimen de participación y el de mala fe no tendrá derecho a participar en las ganancias obtenidas por su consorte.</td></tr>
<tr><td rowspan="2">Pensión compensatoria (arts. 97-101 CC)</td><td>Supuestos que da lugar</td><td>• Cónyuge al que la separación o el divorcio produzca un desequilibrio económico en relación con la posición del otro, que implique un empeoramiento en su situación anterior en el matrimonio, tendrá derecho a una compensación que podrá consistir en una pensión temporal o por tiempo indefinido, o en una prestación única, según se determine en el convenio regulador o en la sentencia.
• Cónyuge de buena fe cuyo matrimonio haya sido declarado nulo tendrá derecho a una indemnización si ha existido convivencia conyugal.</td></tr>
<tr><td>Circunstancias que determinan su importe</td><td>1. Los acuerdos a que hubieran llegado los cónyuges.
2. La edad y el estado de salud.
3. La cualificación profesional y las probabilidades de acceso a un empleo.
4. La dedicación pasada y futura a la familia.
5. La colaboración con su trabajo en las actividades mercantiles, industriales o profesionales del otro cónyuge.
6. La duración del matrimonio y de la convivencia conyugal.</td></tr>
</table>

<table>
<tr><td rowspan="2">Pensión compensatoria (arts. 97-101 CC) (cont.)</td><td>Circunstancias que determinan su importe (cont.)</td><td>7. La pérdida eventual de un derecho de pensión.
8. El caudal y los medios económicos y las necesidades de uno y otro cónyuge.
9. Cualquier otra circunstancia relevante.
⇨ Posible sustitución de la pensión fijada por:
– Constitución de una renta vitalicia
– Usufructo de determinados bienes.
– Entrega de un capital en bienes o en dinero.
⇨ Modificación por alteraciones sustanciales en la fortuna de uno otro cónyuge.</td></tr>
<tr><td>Extinción del derecho a la pensión</td><td>• Cese de la causa que lo motivó.
• Por contraer el acreedor nuevo matrimonio.
• Por vivir maritalmente con otra persona.
⇨ No se extingue por el solo hecho de la muerte del deudor.
⇩
Herederos
Pueden solicitar del Juez la reducción o supresión:
– Caudal hereditario no pudiera satisfacer las necesidades de la deuda.
– Afecta a sus derechos en la legítima.</td></tr>
</table>

4. Régimen económico matrimonial. Disposiciones generales

4.1. INTRODUCCIÓN

El matrimonio como institución que conlleva un vínculo entre dos personas con una base eminentemente afectiva y vocación de establecimiento de una familia, requiere un sostenimiento económico. Ello lleva al legislador a regular una serie de efectos del matrimonio en el ámbito patrimonial del que derivan unas normas de actuación de los cónyuges en el ámbito de la administración y disposición de sus propios bienes y de la familia.

Con independencia del establecimiento de distintos regímenes económicos matrimoniales, existen, en primer lugar, unas normas básicas aplicables en todo caso cualquiera que sea el régimen matrimonial. Se trata de reglas heterogéneas que abarcan diversos aspectos patrimoniales, desde crediticios, contractuales o dispositivos, hasta sucesorios.

De este modo entre dichas normas podemos destacar, en primer lugar, la libertad de pactos que se atribuye a los cónyuges para fijar el régimen económico, permitiendo no sólo la elección de un régimen establecido en la Ley, sino también el establecimiento de cualquier otro, así como la posible modificación del régimen pactado sin más limitaciones que las meramente formales. Del mismo modo, se establece plena libertad contractual de los cónyuges entre sí y libre atribución de titularidad de bienes por confesión, con el límite del perjuicio a terceros.

Se regulan también aspectos esenciales en la convivencia que eventualmente pudieran derivar litigiosos, como la contribución patrimonial al levantamiento de las cargas del matrimonio o la potestad doméstica ordinaria y el régimen de la responsabilidad por deudas contraídas en su ejercicio. Además, se atiende a la protección de la vivienda familiar, limitando los actos dispositivos de los cónyuges sobre la misma, que requerirán consentimiento de ambos con independencia de quién ostente su titularidad y atribuyendo el ajuar familiar al cónyuge sobreviviente en caso de viudedad.

4.2. RÉGIMEN ECONÓMICO MATRIMONIAL. DISPOSICIONES GENERALES

Determinación del régimen	• Capitulaciones. • Ausencia de capitulaciones → régimen legal supletorio de primer grado: ❍ Derecho común: sociedad de gananciales. ❍ Derecho foral (Cataluña, Baleares): separación de bienes.
Mutabilidad del régimen	– Debe realizarse con la asistencia y concurso de las personas que en éstas intervinieron como otorgantes si vivieren y la modificación afecta a derechos concedidos por tales personas. – No perjudica los derechos ya adquiridos por terceros.
Levantamiento de las cargas matrimoniales	• Bienes de cónyuges sujetos al levantamiento de las cargas del matrimonio. • Incumplimiento: Juez, a instancia del otro, dictará las medidas cautelares.

LITIS EXPENSAS	
Concepto	Gastos necesarios derivados de litigios entre cónyuges o contra terceros.
Requisitos	• Cónyuge carece de bienes propios suficientes. • Gastos necesarios causados en litigios que sostenga contra: ❍ el otro cónyuge → sin mediar mala fe o temeridad ❍ contra tercero → si redundan en provecho de la familia

Responsabilidad por deudas	– Caudal común. – Bienes propios del otro cónyuge (cuando la posición económica de éste impida al primero, por imperativo de la Ley de Enjuiciamiento Civil, la obtención del beneficio de justicia gratuita).

POTESTAD DOMÉSTICA: ACTOS ENCAMINADOS A ATENDER LAS NECESIDADES ORDINARIAS DE LA FAMILIA	
Responsabilidad por deudas	• Solidariamente: bienes comunes y los del cónyuge que contraiga la deuda. • Subsidiariamente: bienes del otro cónyuge. • Reintegración de conformidad con su régimen matrimonial de las aportaciones de caudales propios para satisfacción de tales necesidades.

PROTECCIÓN DEL HOGAR FAMILIAR	
Disposición de los derechos sobre la vivienda habitual y los muebles de uso ordinario de la familia (art. 1320 CC)	• Para disponer, aunque tales derechos pertenezcan a uno solo de los cónyuges, se requerirá el consentimiento de ambos o, en su caso, autorización judicial. • La manifestación errónea o falsa del disponente sobre el carácter de la vivienda no perjudicará al adquirente de buena fe.
Mortis causa (art. 1321 CC)	• Fallecimiento de uno de los cónyuges: las ropas, el mobiliario y enseres que constituyan el ajuar de la vivienda habitual común de los esposos se entregarán al que sobreviva, sin computárselo en su haber. • No se entenderán comprendidos en el ajuar las alhajas, objetos artísticos, históricos y otros de extraordinario valor.

Actos de administración o disposición por uno solo de los cónyuges	• Necesaria actuación conjunta cuando la Ley requiera para un acto de administración o disposición que uno de los cónyuges actúe con el consentimiento del otro. • Incumplimiento: – Anulabilidad a instancia del cónyuge cuyo consentimiento se haya omitido o de sus herederos. – Nulidad de los actos a título gratuito sobre bienes comunes si falta, en tales casos, el consentimiento del otro cónyuge.
Libertad negocial entre cónyuges	• Art. 1323: Transmisibilidad entre los cónyuges por cualquier título de bienes y derechos y posibilidad de celebrar entre sí toda clase de contratos.
Prueba de la privaticidad de bienes	• Entre cónyuges: suficiente la confesión del otro. • Respecto a terceros: la confesión por sí sola no perjudicará a los herederos forzosos del confesante, ni a los acreedores, sean de la comunidad o de cada uno de los cónyuges.

4.3. DONACIONES POR RAZÓN DE MATRIMONIO

Concepto	• Antes de celebrarse el matrimonio. • En consideración al mismo. • En favor de uno o de los dos esposos.
Regulación	• Arts. 1336 a 1343. • Reglas generales de las donaciones (arts. 618 a 656).

<table>
<tr><td rowspan="2">Capacidad</td><td>Para realizarlas</td><td>• Regla general art. 624 CC: todos los que pueden contratar y disponer de sus bienes
❍ los mayores de edad (art. 246 CC)
❍ los menores emancipados (limitaciones art. 247 CC)
• Regla especial art. 1338 para menor no emancipado: inaplicable tras la reforma del artículo 48 por la Ley 15/2015</td></tr>
<tr><td>Para aceptarlas</td><td>⇨ Art. 1338 CC: remisión a normas generales:
❍ Art. 625 CC: todos los que no estén especialmente incapacitados por la ley para ello.
❍ Art. 626 CC: Las personas que no pueden contratar no podrán aceptar donaciones condicionales u onerosas sin la intervención de sus legítimos representantes.</td></tr>
<tr><td>Titularidad de los bienes donados</td><td colspan="2">• Conforme pacto
• Presunción pro indiviso ordinario y por partes iguales (art. 1339 CC)</td></tr>
<tr><td>Obligación de saneamiento</td><td colspan="2">• Donaciones ordinarias: saneamiento sólo si donación onerosa (art. 638 CC)
• Donaciones matrimonio: saneamiento si mala fe (art. 1340 CC)</td></tr>
</table>

<table>
<tr><td rowspan="2">Objeto</td><td>Bienes presentes</td><td>• Los que existen en el patrimonio del donante en el momento que se efectúa la donación.
• Límites:
– Art. 634 CC: reserva de lo necesario para vivir en un estado correspondiente a sus circunstancias
– Art. 637 CC: inoficiosidad
• Libertad de forma</td></tr>
<tr><td>Bienes futuros</td><td>• Aquellos de que el donante no puede disponer al tiempo de la donación
• Excepción a regla general art. 635 CC
• Requisitos:
– Solo los contrayentes
– Solo para el caso de muerte
– Según disposiciones sucesión testada
– Forma: Capitulaciones matrimoniales (escritura pública)</td></tr>
<tr><td>Plazo de eficacia</td><td colspan="2">Quedarán sin efecto las donaciones por razón de matrimonio si no llegara a contraerse en el plazo de un año</td></tr>
<tr><td>Revocación</td><td colspan="2">• Reglas generales:
✓ Incumplimiento de cargas
✓ Ingratitud
✓ Excepción: no por superveniencia o supervivencia de hijos
• Reglas especiales:
✓ Otorgadas por terceros
– Se considera incumplimiento de carga: la anulación del matrimonio por cualquier causa, la separación y el divorcio si al cónyuge donatario le fueren imputables, según la sentencia, los hechos que los causaron</td></tr>
</table>

Revocación (cont.)	✓ Otorgadas por cónyuges: – Se considera incumplimiento de carga: anulación del matrimonio si el donatario hubiere obrado de mala fe – Se considera ingratitud: ❍ incurrir en causa de desheredación del art. 855 CC ❍ *le sea imputable, según la sentencia, la causa de separación o divorcio* *Posible derogación tácita de referencias a separación y divorcio culposo: regulación actual excluye la culpabilidad*

5. Las capitulaciones matrimoniales y los regímenes económicos matrimoniales

5.1. INTRODUCCIÓN

El matrimonio genera efectos personales y patrimoniales, en la medida en que la comunidad creada por los cónyuges origina una comunidad de intereses de carácter patrimonial susceptible de ser regulada de diferentes formas.

Las capitulaciones matrimoniales son aquel documento (escritura pública) en el que los cónyuges o futuros cónyuges establecen las normas de naturaleza patrimonial que deben ser aplicadas a su matrimonio. No obstante, de forma complementaria, las capitulaciones matrimoniales pueden referirse a *"cualesquiera otras disposiciones por razón del matrimonio"*.

La vida común de la pareja que ha contraído matrimonio genera gastos, siendo necesario determinar en qué medida se debe contribuir y soportar los mismos. Esta fijación es un elemento para el desarrollo de las relaciones conyugales y el origen del régimen matrimonial.

El conjunto de normas que pretenden afrontar los problemas que de naturaleza patrimonial se presentan durante la convivencia del matrimonio, pero, sobre todo, como consecuencia de su disolución se les denomina *"régimen económico matrimonial"*, con independencia de que sea establecido por los cónyuges o por el propio legislador.

Los regímenes económicos previstos en nuestro Código civil son tres:

1º. Régimen de sociedad de gananciales.

2º. Régimen de separación de bienes.

3º. Régimen de participación.

5.2. LAS CAPITULACIONES MATRIMONIALES: CONCEPTO Y LÍMITES

CONCEPTO

- **Art. 1315 C.c.:** "El régimen económico del matrimonio será el que los cónyuges estipulen en capitulaciones matrimoniales, sin otras limitaciones que las establecidas en este Código".
- **Art. 1325 C.c.:** "En capitulaciones matrimoniales podrán los otorgantes estipular, modificar o sustituir el régimen económico de su matrimonio o cualesquiera otras disposiciones por razón del mismo".

Régimen legal: sociedad de gananciales en defecto de régimen convencional (art. 1316 C.c.).

AUTONOMÍA DE LOS CÓNYUGES PARA PACTAR LAS CAPITULACIONES

- El régimen económico matrimonial puede establecerse libremente por aquellos sujetos que van a contraer matrimonio, también puede resultar de una modificación de un régimen anterior, ya tenga un origen legal o convencional.
- En las capitulaciones matrimoniales pueden adoptarse **"otras disposiciones"**, de muy diferente carácter:
  - Donaciones por razón de matrimonio (art. 1341 C.c.).
  - Sucesorias (art. 826): Promesa de mejorar o no mejorar.

LÍMITES A LA AUTONOMÍA DE PACTO: art. 1328 C.c.

- Nulidad de la estipulación (art. 1335 C.c.).

5.2.1. Capacidad para otorgar las capitulaciones matrimoniales

REGLA GENERAL: tiene capacidad para otorgar capitulaciones matrimoniales quien la posee para poder contraer matrimonio

MENORES:

- **Art. 1329 C.c.:** "El menor no emancipado que con arreglo a la Ley pueda casarse podrá otorgar capitulaciones matrimoniales, pero necesitará el concurso y consentimiento de sus padres o tutor, salvo que se limite a pactar el régimen de separación o el de participación".
- El menor no emancipado podía casarse a partir de los 14 años, siempre que hubiera obtenido dispensa judicial (art. 48.2 C.c.), pero la nueva redacción que ha otorgado la LJV elimina esta dispensa, por lo que, sin excepción rige la prohibición del art. 46, los menores de edad no emancipados no pueden contraer matrimonio.
- La intervención del padre o tutor es meramente asistencial, siendo el menor el que otorga las capitulaciones.
- **ÁMBITO DE LA EXCEPCIÓN:** cuando el menor pacta el régimen de gananciales, el cual regirá si no se establece ningún otro.

5.2.2. *Momento, eficacia, forma y modificación de las capitulaciones matrimoniales*

MOMENTO DE OTORGAMIENTO:

Art. 1326 C.c.: "Las capitulaciones matrimoniales podrán otorgarse antes o después de celebrado el matrimonio".

EFICACIA	FORMA
Art. 1327 C.c.: "Para su validez las capitulaciones matrimoniales habrán de constar en escritura pública"	**El requisito es de forma *ab solemnitatem* y presupuesto de validez**

MODIFICACIÓN

Art. 1331 C.c.: "Para que sea válida la modificación de las capitulaciones matrimoniales deberá realizarse con la asistencia y concurso de las personas que en estas intervinieron como otorgantes si vivieren y la modificación afectare a derechos concedidos por tales personas".

- Sanción establecida ante la falta de consentimiento de los concedentes de derechos, si viven: ausencia de validez de la modificación.

Art. 1317 C.c.: "La modificación del régimen económico matrimonial realizada durante el matrimonio no perjudicará en ningún caso los derechos ya adquiridos por terceros".

5.2.3. La publicidad de las capitulaciones matrimoniales y del régimen económico matrimonial

PUBLICIDAD EN EL REGISTRO CIVIL

Art. 1333 C.c.: "En toda inscripción de matrimonio en el Registro Civil se hará mención, en su caso, de las capitulaciones matrimoniales que se hubieren otorgado, así como de los pactos, resoluciones judiciales y demás hechos que modifiquen el régimen económico del matrimonio".

- Se trata de una mera **"indicación registral"**, que otorga una publicidad insuficiente al tercero sobre el régimen económico matrimonial (art. 266 RRC).

PUBLICIDAD EN EL REGISTRO DE LA PROPIEDAD

- Las capitulaciones matrimoniales y las modificaciones del régimen económico matrimonial cuando "afectan a inmuebles, se **tomará razón** en el Registro de la Propiedad, en la forma y a los efectos previstos en la Ley Hipotecaria" (art. 1333 C.c.).
- Art. 75.1 R.H.

PUBLICIDAD MEDIANTE LA INDICACIÓN EN LAS ESCRITURAS Y SUS COPIAS

Art. 1332 C.c.: "La existencia de pactos modificativos de anteriores capitulaciones se indicará mediante nota en la escritura que contenga la anterior estipulación y el Notario lo hará constar en las copias que expida".

PUBLICIDAD EN EL REGISTRO MERCANTIL

Art. 22 C. com.: "En la hoja abierta a cada empresario individual se inscribirán (...) las capitulaciones matrimoniales".

EFECTOS DE LA PUBLICIDAD: requisito de oponibilidad frente a terceros de buena fe.

5.2.4. Ineficacia de las capitulaciones matrimoniales

- **Art. 1334 C.c.:** "Todo lo que se estipule en capitulaciones matrimoniales bajo el supuesto de futuro matrimonio quedará sin efecto en el caso de no contraerse en el plazo de un año".
- **Art. 1335 C.c.:** "La invalidez de las capitulaciones matrimoniales se regirá por las reglas generales de los contratos. Las consecuencias de la anulación no perjudicarán a terceros de buena fe".

5.3. LOS REGÍMENES ECONÓMICOS MATRIMONIALES

- Sociedad de gananciales

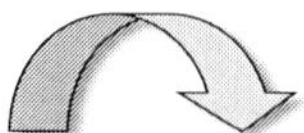

Régimen económico conyugal en el Derecho común

- Separación de bienes

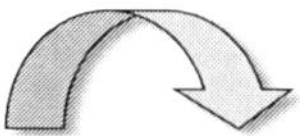

Régimen económico legal supletorio en los Derechos civiles de Cataluña y Baleares

- Participación

5.3.1. La sociedad de gananciales: composición del patrimonio ganancial

Art. 1344 C.c.: "Mediante la sociedad de gananciales se hacen comunes para los cónyuges las ganancias o beneficios obtenidos indistintamente por cualquiera de ellos, que le serán atribuidos por mitad al disolverse aquella".

Art. 1345 C.c.: "La sociedad de gananciales empezará en el momento de la celebración del matrimonio o, posteriormente, al tiempo de pactarse en capitulaciones".

COMPOSICIÓN DEL PATRIMONIO GANANCIAL

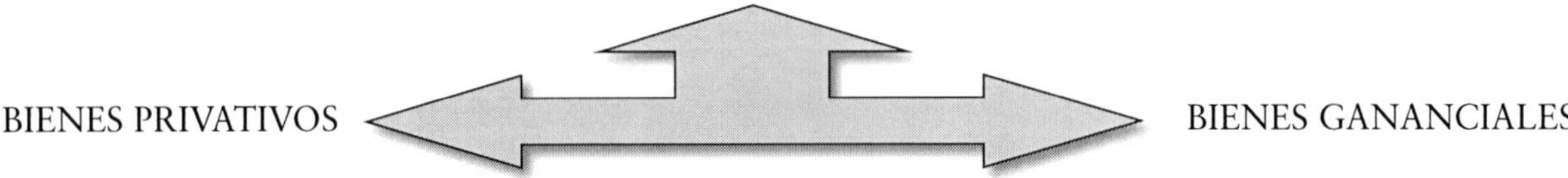

Bienes privativos: art. 1346 C.c.
1º. Los bienes, animales y derechos que le pertenecieran al comenzar la sociedad.
2º. Los que adquiera después por título gratuito: – Donación (arts. 1339 y 1353 C.c.). – Sucesión hereditaria ○ Herencia ○ Legado
3º. Los bienes adquiridos a costa o en sustitución de bienes privativos.
4º. Los bienes adquiridos por derecho de retracto perteneciente a uno solo de los cónyuges.
5º. Los bienes y derechos patrimoniales inherentes a la persona y los no transmisibles inter vivos.
6º. El resarcimiento por daños inferidos a la persona de uno de los cónyuges o a sus bienes privativos.
7º. Las ropas y objetos de uso personal que no sean de extraordinario valor.
8º. Los instrumentos necesarios para el ejercicio de la profesión u oficio, salvo cuando sean parte integrante o pertenencias de un establecimiento o explotación de carácter común.

Bienes gananciales: art. 1347 C.c.
1º. Los bienes obtenidos por el trabajo o la industria de cualquiera de los cónyuges: – Los rendimientos de trabajo.
2º. Los frutos, rentas o intereses que produzcan tanto los bienes privativos como los gananciales.
3º. Los bienes adquiridos a título oneroso a costa del caudal común, bien se haga la adquisición para la comunidad, bien para uno solo de los esposos.
4º. Los adquiridos por derecho de retracto de carácter ganancial, aun cuando lo fueran con fondos privativos, en cuyo caso la sociedad será deudora del cónyuge por el valor satisfecho.
5º. Las empresas y establecimientos fundados durante la vigencia de la sociedad por uno cualquiera de los cónyuges a expensas de los bienes comunes. Si a la formación de la empresa o establecimiento concurren capital privativo y capital común, se aplicará lo dispuesto en el art. 1354.

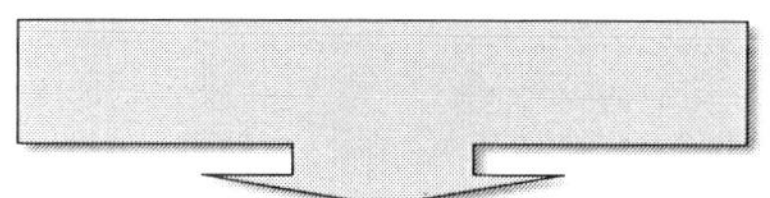

CASOS ESPECIALES DE GANANCIALIDAD

1. LOS PAGOS PARCIALES DE CRÉDITOS APLAZADOS:

   Art. 1348 C.c.: "Siempre que pertenezca privativamente a uno de los cónyuges una cantidad o crédito pagadero en cierto número de años, no serán gananciales las sumas que se cobren en los plazos vencidos durante el matrimonio, sino que se estimarán capital de uno u otro cónyuge, según a quien pertenezca el crédito".

2. LOS DERECHOS DE USUFRUCTO Y DE PENSIÓN:

   Art. 1349 C.c.: "El derecho de usufructo o de pensión, perteneciente a uno de los cónyuges, formará parte de sus bienes propios, pero los frutos, pensiones o intereses devengados durante el matrimonio serán gananciales".

3. LOS FRUTOS DEL GANADO:

   Art. 1350 C.c.: "Se reputarán gananciales las cabezas de ganado que al disolverse la sociedad excedan del número aportado por cada uno de los cónyuges con carácter privativo".

4. LAS GANANCIAS DEL JUEGO:

Art. 1351 C.c.: "Las ganancias obtenidas por cualquiera de los cónyuges en el juego o las procedentes de otras causas que eximan de la restitución pertenecerán a la sociedad de gananciales".

5. LA ADQUISICIÓN DE NUEVAS ACCIONES, TÍTULOS O PARTICIPACIONES SOCIALES:

Art. 1352 C.c.: "Las nuevas acciones u otros títulos o participaciones sociales suscritos como consecuencia de la titularidad de otros privativos serán también privativos. Asimismo lo serán las cantidades obtenidas por la enajenación del derecho de suscribir.
Si para el pago de la suscripción se utilizaren fondos comunes o se emitieran las acciones con cargo a los beneficios, se reembolsará el valor satisfecho".

6. LA ATRIBUCIÓN VOLUNTARIA DE GANANCIALIDAD Y LAS ADQUISICIONES CONJUNTAS:

Art. 1355 C.c.: "Podrán los cónyuges, de común acuerdo, atribuir la condición de gananciales a los bienes que adquieran a título oneroso durante el matrimonio, cualquiera que sea la procedencia del precio o contraprestación y la forma y plazos en que se satisfaga.
Si la adquisición se hiciere en forma conjunta y sin atribución de cuotas, se presumirá su voluntad favorable al carácter ganancial de tales bienes".

7. LAS ADQUISICIONES CON CONTRAPRESTACIÓN EN PARTE PRIVATIVA Y EN PARTE GANANCIAL:

Art. 1354 C.c.: "Los bienes adquiridos mediante precio o contraprestación, en parte ganancial y en parte privativo, corresponderán pro indiviso a la sociedad de gananciales y al cónyuge o cónyuges en proporción al valor de las aportaciones respectivas".

7.1. LAS ADQUISICIONES ONEROSAS A PLAZOS:

Art. 1356 C.c.: "Los bienes adquiridos por uno de los cónyuges, constante la sociedad, por precio aplazado, tendrán naturaleza ganancial si el primer desembolso tuviera tal carácter, aunque los plazos restantes se satisfagan con dinero privativo. Si el primer desembolso tuviere carácter privativo, el bien será de esta naturaleza".
Art. 1357 C.c.: "Los bienes comprados a plazos por uno de los cónyuges antes de comenzar la sociedad tendrán siempre carácter privativo, aun cuando la totalidad o parte del precio aplazado se satisfaga con dinero ganancial".

7.2. LA ADQUISICIÓN A PLAZOS DE LA VIVIENDA Y AJUAR FAMILIARES:

Excepción art. 1357 C.c., la vivienda y el ajuar familiar

8. LAS MEJORAS INTRODUCIDAS EN LOS BIENES GANANCIALES Y EN LOS PRIVATIVOS:

Art. 1359 C.c.: "Las edificaciones, plantaciones y cualesquiera otras mejoras que se realicen en los bienes gananciales y en los privativos tendrán el carácter correspondiente a los bienes a que afecten, sin perjuicio del reembolso del valor satisfecho.
No obstante, si la mejora hecha en bienes privativos fuese debida a la inversión de fondos comunes o a la actividad de cualquiera de los cónyuges, la sociedad será acreedora del aumento del valor que los bienes tengan como consecuencia de la mejora, al tiempo de la disolución de la sociedad o de la enajenación del bien mejorado".

9. LOS INCREMENTOS PATRIMONIALES DE EMPRESAS:

Las disposiciones establecidas en el art. 1359 C.c. son aplicadas, atendiendo al contenido del art. 1360 C.c. a los incrementos patrimoniales incorporados a una explotación, establecimiento mercantil u otro género de empresas.
Se trata de mejoras derivadas de la introducción de nuevos bienes, o que provocan un aumento en el valor de los ya existentes.

5.3.1.1. La presunción de ganancialidad y la confesión de privaticidad

- PRESUNCIÓN DE GANANCIALIDAD:

  Art. 1361 C.c.: "Se presumen gananciales los bienes existentes en el matrimonio mientras no se pruebe que pertenecen privativamente a uno de los cónyuges".

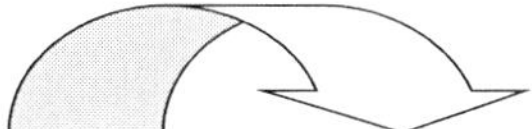

Presunción *iuris tantum* que se aplica a los bienes adquiridos durante el matrimonio.

- CONFESIÓN DE PRIVATICIDAD:

  Art. 1324 C.c.: "Para probar entre cónyuges que determinados bienes son propios de uno de ellos, será bastante la confesión del otro, pero tal confesión por sí sola no perjudicará a los herederos forzosos del confesante, ni a los acreedores, sean de la comunidad o de cada uno de los cónyuges".

5.3.1.2. Las cargas y obligaciones de la sociedad de gananciales

1º. El sostenimiento de la familia, la alimentación y educación de los hijos comunes y las atenciones de previsión acomodadas a los usos y a las circunstancias de la familia (art. 1362.1 C.c.).

- La alimentación y educación de los hijos de uno solo de los cónyuges correrá a cargo de la sociedad de gananciales **cuando convivan en el hogar familiar.**
- La alimentación y educación de los hijos de uno solo de los cónyuges **que no convivan en el hogar familiar** serán sufragados por la sociedad de gananciales, pero darán lugar a reintegro en el momento de la liquidación.

2º. La adquisición, tenencia y disfrute de los bienes comunes (art. 1362.2 C.c.).

3º. La administración ordinaria de los bienes privativos de cualquiera de los cónyuges (art. 1362.3 C.c.).

- Los gastos de administración ordinaria son los de conservación y aquellos ocasionados para que los bienes den sus frutos o rendimientos.

4º. La explotación regular de los negocios o el desempeño de la profesión, arte u oficio de cada cónyuge (art. 1362.4 C.c.).

5º. Las cantidades donadas o prometidas por ambos cónyuges de común acuerdo, cuando no hubiesen pactado que hayan de satisfacerse con los bienes privativos de uno de ellos en todo o en parte (art. 1363 C.c.).

- La donación no debe tener un destinatario ni un fin determinado.

5.3.1.3. La responsabilidad de la sociedad de gananciales

1º. DEUDAS DE UNO SOLO DE LOS CÓNYUGES:
- Art. 1369 C.c.: "De las deudas de un cónyuge que sean, además, deudas de la sociedad responderán también solidariamente los bienes de esta".
- Art. 1365 C.c.: "Los bienes gananciales responderán directamente frente al acreedor de las deudas contraídas por un cónyuge:
  1º. En el ejercicio de la potestad doméstica o de la gestión o disposición de gananciales, que por ley o capítulos le corresponda.
  2º. En el ejercicio ordinario de la profesión, arte u oficio o en la administración ordinaria de bienes privativos.

2º. DEUDAS CONTRAÍDAS POR LOS DOS CÓNYUGES CONJUNTAMENTE O POR UNO DE ELLOS CON EL CONSENTIMIENTO EXPRESO DEL OTRO: **art. 1367 C.c.**

3º. LAS OBLIGACIONES EXTRACONTRACTUALES:
- Art. 1366 C.c.: "Las obligaciones extracontractuales de un cónyuge, consecuencia de su actuación en beneficio de la sociedad conyugal o en el ámbito de la administración de sus bienes, serán de responsabilidad y cargo de aquella, salvo que fueren debidas a dolo o culpa grave del cónyuge deudor".

4º DEUDA DERIVADA DE LA ADQUISICIÓN DE UN BIEN GANANCIAL A PLAZOS, REALIZADA POR UNO SOLO DE LOS CÓNYUGES SIN EXISTIR CONSENTIMIENTO DEL OTRO:
- Art. 1370 C.c.: "responderá siempre el bien adquirido, sin perjuicio de la responsabilidad de otros bienes según las reglas de este Código".

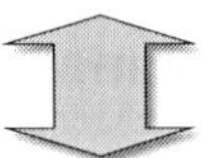

5º. LAS DEUDAS DE JUEGO:

- Art. 1371 C.c.: "Lo perdido y pagado durante el matrimonio por alguno de los cónyuges en cualquier clase de juego no disminuirá su parte respectiva de los gananciales siempre que el importe de aquella pérdida pudiere considerarse moderada con arreglo al uso y circunstancias de la familia".

6º. LAS DEUDAS PERSONALES DE LOS CÓNYUGES:

- Art. 1373 C.c.: "Cada cónyuge responde con su patrimonio personal de las deudas propias y, si sus bienes privativos no fueran suficientes para hacerlas efectivas, el acreedor podrá pedir el embargo de bienes gananciales, que será inmediatamente notificado al otro cónyuge y este podrá exigir que en la traba se sustituyan los bienes comunes por la parte que ostenta el cónyuge deudor en la sociedad conyugal, en cuyo caso el embargo llevará consigo la disolución de aquella.
  Si se realizase la ejecución de bienes comunes, se reputará que el cónyuge deudor tiene recibido a cuenta de su participación el valor de aquellos al tiempo en que los abone con otros caudales propios o al tiempo de la liquidación de la sociedad conyugal".

El embargo es notificado inmediatamente al otro cónyuge, el cual puede exigir que en la traba se sustituyan los bienes comunes por la parte que corresponde al deudor en la sociedad de gananciales, la cual se disuelve.

Art. 541.3 y 4 L.e.c.

5.3.1.4. La administración y gestión de la sociedad de gananciales

- LA ACTUACIÓN CONJUNTA DE LOS CÓNYUGES:

Art. 1375 C.c.: "En defecto de pacto en capitulaciones, la gestión y disposición de los bienes gananciales corresponde conjuntamente a los cónyuges, sin perjuicio de lo que se determine en los artículos siguientes".

Excepciones

1º. El anticipo numerario para el ejercicio de la profesión o administración ordinaria de bienes propios: art. 1382 C.c.

- Se trata de una provisión de fondos para gastos de la sociedad, que no exige que el cónyuge que toma el anticipo carezca de liquidez propia.

2º. La defensa de los bienes y derechos gananciales por vía de acción o de excepción: art. 1385 C.c.

- La demanda de uno sólo de los cónyuges es correcta.
- La defensa puede ser:
  - Judicial
  - Extrajudicial

3º. Los gastos urgentes: art. 1386 C.c. "Para realizar gastos urgentes de carácter necesario, aun cuando sean extraordinarios, bastará el consentimiento de uno solo de los cónyuges".

Excepciones (cont.)	4º. La disposición de frutos y productos de bienes gananciales: art. 1381 C.c.: "Los frutos y ganancias de los patrimonios privativos y las ganancias de cualquiera de los cónyuges forman parte del haber de la sociedad y están sujetos a las cargas y responsabilidades de la sociedad de gananciales. Sin embargo, cada cónyuge, como administrador de su patrimonio privativo, podrá a este solo efecto disponer de los frutos y productos de sus bienes".  • La norma tiene eficacia en las relaciones internas entre los cónyuges. 5º. La posesión de los bienes: art. 1384 C.c.: "Serán válidos los actos de administración de bienes y los de disposición de dinero o títulos valores realizados por el cónyuge a cuyo nombre figuren o en cuyo poder se encuentren".  • Norma de protección de terceros. • Art. 1385.1 C.c.: "Los derechos de crédito, cualquiera que sea su naturaleza, serán ejercitados por aquel de los cónyuges a cuyo nombre aparezcan constituidos". 6º. Las liberalidades de uso: art. 1378 C.c.: "Serán nulos los actos a título gratuito si no concurre el consentimiento de ambos cónyuges. Sin embargo, podrá cada uno de ellos realizar con los bienes gananciales liberalidades de uso".

- LA TRANSFERENCIA DE LA GESTIÓN A UNO DE LOS CÓNYUGES:

  - Art. 1387 C.c.: "La administración y disposición de los bienes de la sociedad de gananciales se transferirá por ministerio de la Ley al cónyuge nombrado curador de su consorte con discapacidad, cuando le hayan sido atribuidas facultades de representación plena".

    - Exige la constitución de la tutela o la declaración legal de ausencia.
    - La transferencia se produce ope legis.

  - Art. 1388 C.c.: "Los Tribunales podrán conferir la administración a uno solo de los cónyuges cuando el otro se encontrare en imposibilidad de prestar consentimiento o hubiere abandonado la familia o existiere separación de hecho".

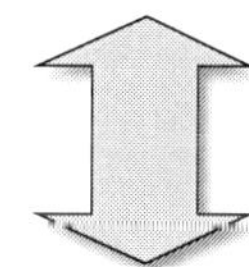

LIMITACIONES A LA TRANSFERENCIA:

  - Art. 1389 C.c.: "El cónyuge en quien recaiga la administración en virtud de lo dispuesto en los dos artículos anteriores tendrá para ello plenas facultades, salvo que el Juez, cuando lo considere de interés para la familia, y previa información justa, establezca cautelas o limitaciones.
    En todo caso, para realizar actos de disposición sobre inmuebles, establecimientos mercantiles, objetos preciosos o valores mobiliarios, salvo el derecho de suscripción preferente, necesitará autorización judicial".

5.3.1.5. La disposición de los bienes gananciales

1º. Disposición inter vivos de los bienes gananciales a título gratuito: art. 1378 C.c.

2º. Disposición mortis causa de los bienes gananciales:

- **Art. 1379 C.c.:** "Cada uno de los cónyuges podrá disponer por testamento de la mitad de los bienes gananciales".
- **Art. 1380 C.c.:** "La disposición testamentaria de un bien ganancial producirá todos sus efectos si fuere adjudicado a la herencia del testador. En caso contrario se entenderá legado el valor que tuviera al tiempo del fallecimiento".

3º. Actos de disposición a título oneroso:

- **Art. 1377 C.c.:** "Para realizar actos de disposición a título oneroso sobre bienes gananciales se requerirá el consentimiento de ambos cónyuges.
  Si uno lo negare o estuviere impedido para prestarlo, podrá el Juez, previa información sumaria, autorizar uno o varios actos dispositivos cuando lo considere de interés para la familia. Excepcionalmente acordará las limitaciones o cautelas que estime convenientes".

> - El consentimiento puede ser expreso, tácito o presunto.
> - El consentimiento puede ser anterior al acto dispositivo y prestarse de un modo general.
> - La ausencia de consentimiento de uno de los titulares provoca la anulabilidad con posibilidad de confirmación expresa o tácita (art. 1322 C.c.).

4º. Disposición por el cónyuge menor de edad:

- **Art. 324 C.c.:** "Para que el casado menor de edad pueda enajenar o gravar bienes inmuebles, establecimientos mercantiles u objetos de extraordinario valor que sean comunes, basta si es mayor el otro cónyuge, el consentimiento de los dos; si también es menor, se necesitará además, el de los padres o curadores de uno y otro".

5.3.1.6. La coadministración y administración irregular y fraudulenta de los bienes gananciales

- LA COADMINISTRACIÓN:

  - **Art. 1376 C.c.: "Cuando en la realización de actos de administración fuere necesario el consentimiento de ambos cónyuges y uno se hallare impedido para prestarlo, o se negare injustificadamente a ello, podrá el Juez suplirlo si encontrare fundada la petición".**

- LA ADMINISTRACIÓN IRREGULAR DE LOS BIENES GANANCIALES:

  - **Art. 1390 C.c.: "Si como consecuencia de un acto de administración o de disposición llevado a cabo por uno solo de los cónyuges hubiere este obtenido un beneficio o lucro exclusivo para él u ocasionado dolosamente un daño a la sociedad, será deudor a la misma por un importe, aunque el otro cónyuge no impugne cuando proceda la eficacia del acto".**

- LA ADMINISTRACIÓN FRAUDULENTA DE LOS BIENES GANANCIALES:

  - **Art. 1391 C.c.: "Cuando el cónyuge hubiere realizado un acto en fraude de los derechos de su consorte será, en todo caso, de aplicación lo dispuesto en el artículo anterior y, además, si el adquirente hubiere procedido de mala fe, el acto será rescindible".**

5.3.1.7. La disolución de la sociedad de gananciales

- CAUSAS:

A) **DISOLUCIÓN AUTOMÁTICA: Art. 1392 C.c.:**
   a) Cuando se disuelva el matrimonio (art. 85 C.c.).
   b) La declaración de nulidad del matrimonio (arts. 73 y ss. C.c.).
   c) La separación legal de los cónyuges.
   d) La sustitución durante el matrimonio del régimen económico matrimonial.

B) **DISOLUCIÓN POR DECISIÓN JUDICIAL: Art. 1393 C.c.:**
   a) La disposición judicial de medidas de apoyo.
   b) La declaración de ausencia de uno de los cónyuges.
   c) La declaración de concurso de acreedores de uno de los cónyuges.
   d) La condena por abandono de familia.
   e) La realización de actos fraudulentos o dañosos para los derechos del otro en la sociedad.
   f) La separación de hecho por más de un año por acuerdo mutuo o por abandono del hogar.
   g) Incumplimiento grave y reiterado del deber de información de sus actividades económicas.
   h) El embargo de la parte de uno de los cónyuges por deudas propias.

- **LA SOCIEDAD DE GANANCIALES DISUELTA Y NO LIQUIDADA: régimen jurídico aplicable:**

Patrimonio colectivo o comunidad de bienes, formado por los bienes que fueron gananciales, cuya titularidad la ostentan los cónyuges, si la causa de disolución no es la muerte de uno de ellos, o el cónyuge supérstite y los herederos del premuerto en otro caso (Diez-Picazo/Gullón Ballesteros)

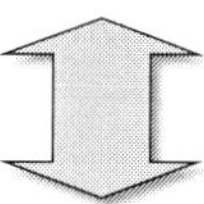

- Régimen jurídico:

1º. La comunidad indivisa no experimenta un aumento con las rentas de trabajo ni con las de capital privativo, que son privativas.

2º. El patrimonio de la comunidad indivisa sigue respondiendo de las obligaciones que pesaban sobre la sociedad, pero las que contraiga con posterioridad cualquier titular recaen sobre su propio patrimonio.

3º. La disposición de los bienes requiere el consentimiento de todos los titulares.

4º. La administración de la sociedad de gananciales se rige por las reglas de la administración de la comunidad hereditaria.

5º. Las adquisiciones llevadas a cabo durante el periodo de vigencia de la sociedad disuelta pero no liquidada cuando son realizadas con bienes de la sociedad, debe estimarse a esta acreedora de lo que se dispuso para adquirir, pero el bien adquirido no es de la sociedad (Diez-Picazo/ Gullón Ballesteros).

6º. Mientras no se efectúe la división de la masa consorcial, el art. 1408 C.c. establece que "De la masa común de bienes se darán alimentos a los cónyuges o, en su caso, al sobreviviente y a los hijos mientras se haga la liquidación del caudal inventariado y hasta que se les entregue su haber; pero se les rebajará de este, en la parte que excedan de los que les hubiese correspondido en razón de frutos y rentas".

5.3.1.8. Las operaciones de liquidación de la sociedad de gananciales

<table>
<tr><td>EL INVENTARIO</td><td>• ACTIVO: art. 1397 C.c.:
1º. Bienes gananciales existentes en el momento de la disolución.
2º. Importe actualizado del valor que tenían los bienes al ser enajenados por negocio ilegal o fraudulento si no hubiera sido recuperado.
3º. Importe actualizado de las cantidades pagadas por la sociedad que fueran de cargo de un cónyuge y en general las que constituyen créditos de la sociedad contra este.
• PASIVO: art. 1398 C.c.:
1º. Deudas pendientes de la sociedad.
2º. Importe actualizado del valor de los bienes privativos cuando su restitución deba hacerse en metálico por haber sido gastados en interés de la sociedad. Igual regla se aplica a los deterioros producidos en dichos bienes por su uso en beneficio de la sociedad.
3º. Importe actualizado de las cantidades que, habiendo sido pagadas por uno solo de los cónyuges, fueran de cargo de la sociedad y, en general, las que constituyan créditos de los cónyuges contra la sociedad.</td></tr>
<tr><td>EL AVALÚO</td><td>Tasación de los bienes que forman parte del activo de la sociedad de gananciales, así como las partidas del pasivo al día de la liquidación.</td></tr>
<tr><td>LIQUIDACIÓN DEL PASIVO</td><td>• Pago de las deudas: art. 1399 C.c.:
1º. Deudas de la sociedad, comenzando por las alimenticias.
2º. Demás deudas, si el caudal inventariado no alcanzase para ello, se observará lo dispuesto para la concurrencia y prelación de créditos.
• Créditos contra la sociedad de uno de los cónyuges: art. 1403 C.c.: “Pagadas las deudas y cargas de la sociedad se abonarán las indemnizaciones y reintegros debidos a cada cónyuge hasta donde alcance el caudal inventariado, haciendo las compensaciones que correspondan cuando el cónyuge sea deudor de la sociedad”.</td></tr>
</table>

HABER DE LA SOCIEDAD Y ADJUDICACIÓN DE LOS BIENES	• Art. 1404 C.c.: "Hechas las deducciones en el caudal inventariado que prefijan los artículos anteriores, el remanente constituirá el haber de la sociedad de gananciales, que se dividirá por mitad entre los cónyuges o sus respectivos herederos". 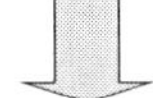 **Adjudicación preferencial de los bienes:** • **Art. 1.406 C.c.:** 1°. Los bienes de uso personal no incluidos en el n° 7 del art. 1346 C.c. 2°. La explotación económica que gestione efectivamente. 3°. El local donde hubiese venido ejerciendo su profesión. 4°. En caso de muerte del otro cónyuge, la vivienda donde tuviese la residencia habitual. • **Art. 1.407 C.c.:** En los casos de local de ejercicio de la profesión o vivienda puede el cónyuge pedir, a su elección, que se le atribuyan los bienes en propiedad o que se constituya sobre ellos a su favor un derecho de uso o habitación. Si el valor de los bienes o el derecho supera al de haber del cónyuge adjudicatario deberá éste abonar la diferencia en dinero.

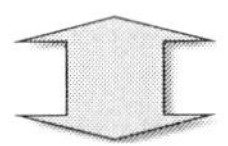

LIQUIDACIÓN DE DOS O MÁS SOCIEDADES

Art. 1.409 C.c.: "Siempre que haya de ejecutarse simultáneamente la liquidación de gananciales de dos o más matrimonios contraídos por una misma persona para determinar el capital de cada sociedad se admitirá toda clase de pruebas en defecto de inventarios. En caso de duda se atribuirán los gananciales a las diferentes sociedades proporcionalmente, atendiendo al tiempo de su duración y a los bienes e ingresos de los respectivos cónyuges".

5.3.2. El régimen de separación de bienes

CONCEPTO

Cuando cada uno de los consortes tiene sus propios bienes y su propio patrimonio, de manera que no existe ningún tipo de unión o de confusión y tampoco, por el mero hecho del matrimonio, ningún tipo de comunidad (Diez-Picazo/Gullón Ballesteros).

SUPUESTOS:

Art. 1435 C.c.:

1°. Cuando así lo hubieran convenido los cónyuges.
2°. Cuando los cónyuges hubieren pactado en capitulaciones matrimoniales que no regirá entre ellos la sociedad de gananciales, sin expresar las reglas por que hayan de regirse sus bienes.
3°. Cuando se extinga, constante matrimonio, la sociedad de gananciales o el régimen de participación, salvo que por voluntad de los interesados fuesen sustituidos por otro régimen distinto.

ORIGEN:

1°. Convencional.
2°. Legal.
3°. Judicial.

LAS MAL DENOMINADAS DEMANDAS DE SEPARACIÓN:

- **Art. 1436 C.c.:** "La demanda de separación de bienes y la sentencia firme en que se declare se deberán anotar e inscribir, respectivamente, en el Registro de la Propiedad que corresponda, si recayere sobre bienes inmuebles. La sentencia firme se anotará también en el Registro Civil".
- **Art. 1443 C.c.:** "La separación de bienes decretada no se alterará por la reconciliación de los cónyuges en caso de separación personal o por la desaparición de cualquiera de las demás causas que la hubiesen motivado".
- **Art. 1444 C.c.:** "Los cónyuges pueden acordar en capitulaciones que vuelvan a regir las mismas reglas que antes de la separación de bienes.
  Harán constar en capitulaciones los bienes que cada uno aporte de nuevo y se considerarán estos privativos, aunque, en todo o en parte, hubieren tenido carácter ganancial antes de la liquidación practicada por causa de la separación".

LA SEPARACIÓN DE TITULARIDADES Y ADMINISTRACIÓN DE LOS BIENES:

- **Separación de titularidades:**
  - **Art. 1437 C.c.:** "En el régimen de separación pertenecerán a cada cónyuge los bienes que tuviese en el momento inicial del mismo y los que después adquiera por cualquier título. Asimismo corresponderá a cada uno la administración, goce y libre disposición de tales bienes".
  - **Art. 1.440 C.c.:** "Las obligaciones contraídas por cada cónyuge serán de su exclusiva responsabilidad. En cuanto a las obligaciones contraídas en el ejercicio de la potestad doméstica ordinaria responderán ambos cónyuges en la forma determinada por los artículos 1.319 y 1.438 de este Código".

- **Administración de los bienes:**
  - **Art. 1.439 C.c.:** "Si uno de los cónyuges hubiese administrado o gestionado bienes o intereses del otro, tendrá las mismas obligaciones y responsabilidades que un mandatario, pero no tendrá obligación de rendir cuentas de los frutos percibidos y consumidos, salvo cuando se demuestre que los invirtió en atenciones distintas del levantamiento de las cargas del matrimonio".

    La administración por un cónyuge de los bienes del otro ha de basarse en un apoderamiento de este o, por lo menos, en una conducta de la que se pueda deducir su conformidad con la actuación del cónyuge administrador, ya que, según el art. 71 C.c. "ninguno de los cónyuges puede atribuirse la representación del otro sin que le hubiere sido conferida". Por tanto, la legitimidad de la actuación del cónyuge administrador de los bienes del otro puede provenir de un mandato expreso, de un mandato tácito derivado de hechos concluyentes o de una gestión de negocios sin mandato.

LAS CARGAS DEL MATRIMONIO Y LA PRUEBA DE LA PERTENENCIA DE LOS BIENES:

- **Cargas del matrimonio:**
  - **Art. 1438 C.c.:** "Los cónyuges contribuirán al sostenimiento de las cargas del matrimonio. A falta de convenio lo harán proporcionalmente a sus respectivos recursos económicos. El trabajo para la casa será computado como contribución a las cargas y dará derecho a obtener una compensación que el Juez señalará, a falta de acuerdo, a la extinción del régimen de separación".
- **Prueba de la pertenencia de los bienes:**
  - **Art. 1441 C.c.:** "Cuando no sea posible acreditar a cuál de los cónyuges pertenece algún bien o derecho, corresponderá a ambos por mitad".

Aplicación del art. 1324 C.c.: confesión de privaticidad.

CONCURSO DE UN CÓNYUGE Y PRESUNCIÓN DE DONACIÓN:

- **Art. 195 Real Decreto Legislativo 1/2020, de 5 de mayo, por el que se aprueba el Texto Refundido de la Ley Concursal:**
  Presunción de donaciones:
  1. Si el concursado estuviera casado en régimen de separación de bienes, se presumirá en beneficio de la masa activa, salvo prueba en contrario, que el concursado había donado a su cónyuge la mitad de la contraprestación satisfecha por este durante el año anterior a la declaración de concurso para la adquisición a título oneroso de bienes o derechos.
  2. Si se acreditará que la contraprestación procedía directa o indirectamente del patrimonio del concursado, se presumirá, salvo prueba en contrario, la donación de la totalidad de la contraprestación.
  3. Las presunciones a que se refiere este artículo no regirán cuando en el momento de la realización del acto los cónyuges estuvieran separados judicialmente o de hecho.

5.3.3. El régimen de participación

CONCEPTO Y RÉGIMEN JURÍDICO

- **Concepto:** Comunidad obligatoria, en la que los patrimonios continúan separados durante la vida conyugal, pero en la fase de liquidación se establece una participación en las ganancias obtenidas por los mismos.

- **Régimen jurídico:**
  1º. Cada cónyuge tiene la administración, el disfrute y la libre disposición tanto de los bienes que le pertenecían en el momento de contraer matrimonio como de los que pueda adquirir después por cualquier título (art. 1.412 C.c.).
  2º. En todo lo que no se encuentre previsto en la norma se aplicará, durante la vigencia del régimen de participación, las normas relativas al de separación de bienes (art. 1.413 C.c.).
  3º. Cuando los casados en régimen de participación adquieren conjuntamente algún bien o derecho, les pertenece pro indiviso ordinario (art. 1.414 C.c.).

EXTINCIÓN DEL RÉGIMEN DE PARTICIPACIÓN: CAUSAS

1º. Las mismas causas establecidas para la extinción de la sociedad de gananciales (arts. 1394 y 1395 C.c.), se aplican al régimen de participación (art. 1.415 C.c.).
2º. Cuando la administración irregular que un cónyuge realiza de sus bienes compromete gravemente los intereses del otro (art. 1416 C.c.).

LIQUIDACIÓN DEL RÉGIMEN DE PARTICIPACIÓN

▸ COMPOSICIÓN DEL PATRIMONIO INICIAL:

- **Art. 1.418 C.c.:**
  - Los bienes y derechos que le pertenecieran al empezar el régimen.
  - Los bienes y derechos adquiridos después a título de herencia, donación o legado.

- **Art. 1.419 C.c.:** "Se deducirán las obligaciones del cónyuge al empezar el régimen y, en su caso, las sucesorias o las cargas inherentes a la donación o legado, en cuanto no excedan de los bienes heredados o donados".

- **Art. 1.420 C.c.:** "Si el pasivo fuese superior al activo no habrá patrimonio inicial".

- **Art. 1.421 C.c.:** "Los bienes constitutivos del patrimonio inicial se estimarán según el estado y valor que tuvieran al empezar el régimen o, en su caso, al tiempo en que fueron adquiridos.
  El importe de la estimación deberá actualizarse el día en que el régimen haya cesado".

▸ COMPOSICIÓN DEL PATRIMONIO FINAL:

- **Art. 1.422 C.c.:** "El patrimonio final de cada cónyuge estará formado por los bienes y derechos de que sea titular en el momento de la terminación del régimen, con deducción de las obligaciones todavía no satisfechas".

Los bienes se estiman atendiendo al estado y valor que tuvieran en el momento de terminar el régimen.

Computación de los actos de disposición gratuitos y fraudulentos:

- **Art. 1.423 C.c.:** "Se incluirá en el patrimonio final el valor de los bienes de que uno de los cónyuges hubiese dispuesto a título gratuito sin el consentimiento de su consorte, salvo si se tratase de liberalidades de uso".
- **Art. 1.424 C.c.:** "La misma regla se aplicará respecto de los actos realizados por uno de los cónyuges en fraude de los derechos del otro".
- **Art. 1.425 C.c.:** "Los bienes constitutivos del patrimonio final se estimarán según el estado y valor que tuvieren en el momento de la terminación del régimen y los enajenados gratuita o fraudulentamente, conforme al estado que tenían el día de la enajenación y por el valor que hubieran tenido si se hubiesen conservado hasta el día de la terminación".

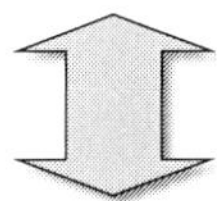

CÁLCULO DE LA GANANCIA

- **La participación en la ganancia se calcula a través de la diferencia entre el patrimonio final y el patrimonio inicial.**

Ganancia = PF – PI

Para concretar las ganancias, se recurre a la diferencia entre los patrimonios final e inicial de cada cónyuge, y, si de esa diferencia se deriva un resultado positivo, habrá ganancias.

DISTRIBUCIÓN DE LA GANANCIA

- **Art. 1.427 C.c.:** "Cuando la diferencia entre los patrimonios final e inicial de uno y otro cónyuge arroje un resultado positivo, el cónyuge cuyo patrimonio haya experimentado menor incremento percibirá la mitad de la diferencia entre su propio incremento y el del otro cónyuge".
- **Art. 1.428 C.c.:** "Cuando únicamente uno de los patrimonios arroje resultado positivo, el derecho de la participación consistirá, para el cónyuge no titular de dicho patrimonio, en la mitad de aquel incremento".
- **Art. 1.430 C.c.:** "No podrá convenirse una participación que no sea por mitad si existen descendientes no comunes".

PAGO DEL CRÉDITO DE PARTICIPACIÓN

- **Art. 1.431 C.c.:** "El crédito de participación deberá ser satisfecho en dinero. Si mediaren dificultades graves para el pago inmediato, el Juez podrá conceder aplazamiento, siempre que no exceda de tres años y que la deuda y sus intereses legales queden suficientemente garantizados".
- **Art. 1.432 C.c.:** "El crédito de participación podrá pagarse mediante la adjudicación de bienes concretos, por acuerdo de los interesados o si lo concediese el Juez a petición fundada del deudor".

PROTECCIÓN DEL CRÉDITO DE PARTICIPACIÓN

- **Art. 1.433 C.c.:** "Si no hubiese bienes en el patrimonio del deudor para hacer efectivo el derecho de participación en ganancias, el cónyuge acreedor podrá impugnar las enajenaciones que hubieren sido hechas a título gratuito sin su consentimiento y aquellas que hubieren sido realizadas en fraude de sus derechos".

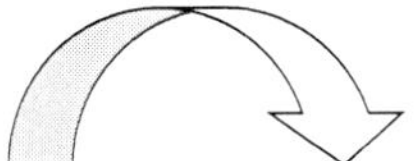

- Plazo para el ejercicio de las acciones: 2 años (caducidad).
- No cabe el ejercicio de las acciones contra:
  - → Adquirentes a título oneroso
  - → Adquirentes de buena fe

6. La filiación

6.1. INTRODUCCIÓN

La filiación como hecho biológico es la procedencia de un sujeto con respecto a otro, bien por el nacimiento (filiación materna), bien por la concepción/fecundación (filiación paterna). Jurídicamente la filiación es una institución más amplia, que abarca más supuestos que los biológicos. Además, requiere un análisis desde una doble perspectiva: como vínculo jurídico entre dos sujetos, padre/madre e hijo; y desde la perspectiva del art. 39 CE, atendiendo al contenido de la institución de la filiación y cuyos efectos se proyectan en muy diversos ámbitos del Derecho. Más allá del hecho biológico de la generación, la adopción (arts. 175 a 180 CC) es igualmente fuente de la relación jurídica de la filiación (art. 108 CC), así como la aplicación de técnicas de reproducción de asistida humana conforme a la Ley 14/2006, de 26 de mayo.

Tras la reforma de la Ley de 13 de mayo de 1981, la aplicación del principio de igualdad consagrado en el art. 14 CE garantiza la igualdad de los hijos en la ley y ante la ley, de modo que el contenido básico de la relación de filiación de uno y otros no difiere así como los efectos en el ámbito del derecho de familia o del derecho sucesorio.

En cuanto a los efectos, la filiación despliega todos sus efectos desde que queda determinada legalmente. Su determinación tendrá efectos retroactivos siempre que dicha retroactividad sea compatible con la naturaleza de aquellos y la Ley no disponga lo contrario (art. 112 CC).

6.2. CONTENIDO DE LA FILIACIÓN

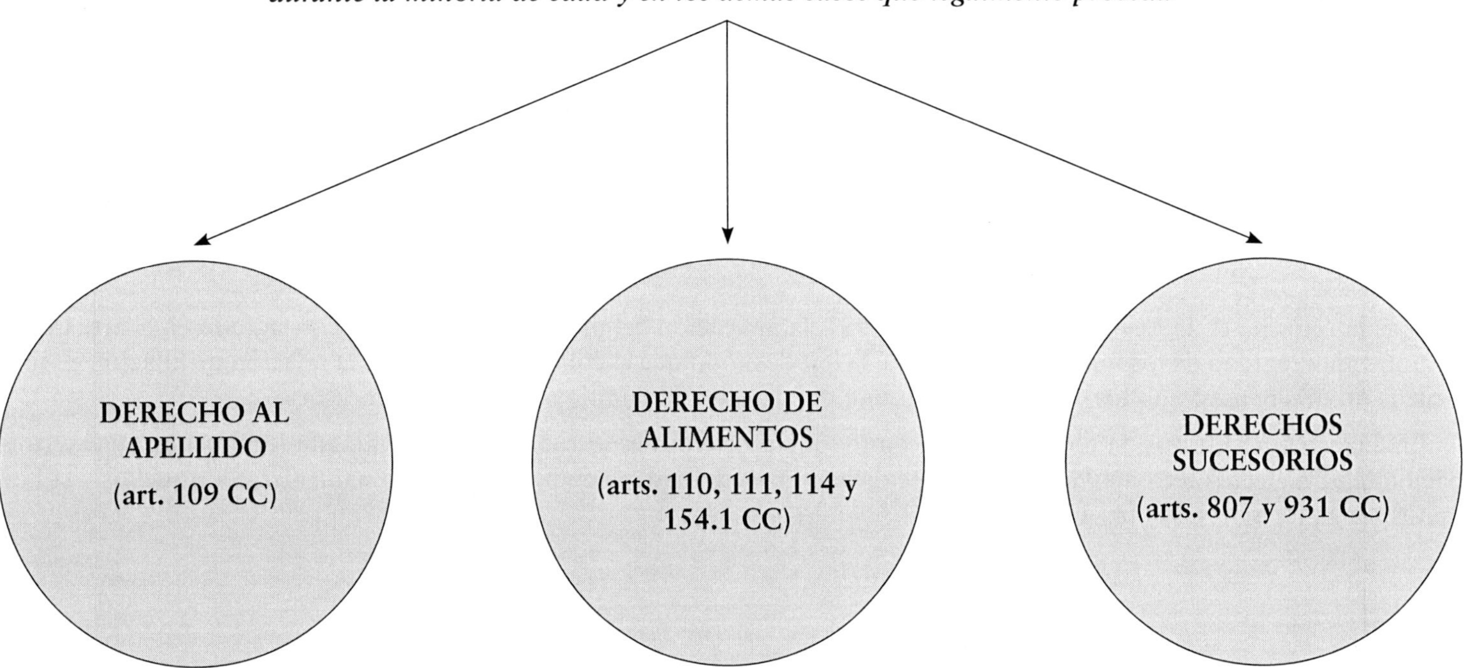

6.3. POSESIÓN DE ESTADO (arts. 113 y 131 CC; art. 767.3 LEC)

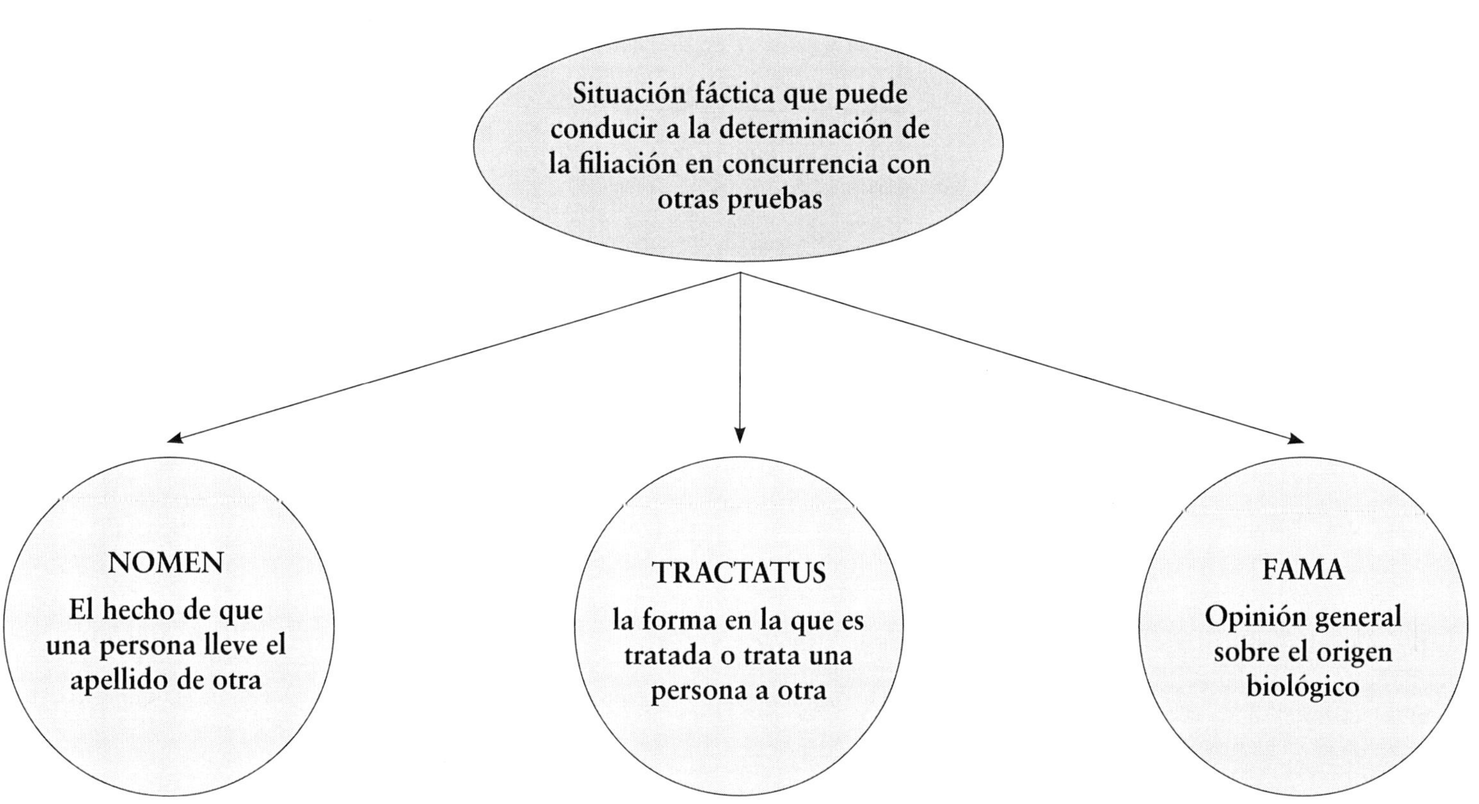

6.4. DETERMINACIÓN DE LA FILIACIÓN

MATRIMONIAL

- La filiación matrimonial materna y paterna quedará determinada
  - Por la inscripción del nacimiento en el Registro junto con la inscripción del matrimonio de los padres.
  - Por sentencia firme.
- Se **presumen** hijos del marido (arts. 116-118 CC)
  - Los nacidos después la celebración del matrimonio.
    - Se puede destruir la presunción con respecto al nacido dentro de los ciento ochenta días después de celebrado el matrimonio, mediante declaración expresa en tal sentido formalizada dentro de los seis meses siguientes al parto.
    - No se puede destruir dicha presunción si:
      - Hubiese reconocido la paternidad expresa o tácitamente durante el embarazo.
      - Hubiese conocido el embarazo antes del matrimonio.
  - Los nacidos antes de los trescientos días siguientes a la disolución/separación de hecho o separación legal del matrimonio.
    - Aun faltando, se podrá inscribir como matrimonial si concurre el consentimiento de ambos (art. 118 CC).
- Adquiere el carácter de matrimonial desde la fecha del matrimonio de los progenitores cuando éste sea posterior al nacimiento del hijo y siempre que la filiación hubiera quedado determinada legalmente por alguno de los medios establecidos **en el art. 120 CC.**

NO MATRIMONIAL

- Por la DECLARACIÓN REALIZADA POR EL PADRE O PROGENITOR NO GESTANTE en el formulario oficial del Registro Civil en el momento de la inscripción del nacimiento.
- Por RECONOCIMIENTO ante el encargado del Registro Civil, en testamento o en documento público realizado por el progenitor.

En cuanto al **PROGENITOR**

- ❖ Si el **progenitor es menor no emancipado**, necesitará para su validez la aprobación judicial con audiencia del Ministerio Fiscal.
- ❖ Si el progenitor es **mayor de edad** y se han establecido **medidas de apoyo**, se estará a lo que resulte de la escritura pública o la resolución judicial en las que se hayan establecido dichas medidas. En caso de haberse dispuesto nada al respecto en dichas medidas, se instruirá la revisión de las mismas a efecto de completarlas con respecto al reconocimiento (art. 121 CC).
- ❖ Cuando se hiciere el reconocimiento por un progenitor separadamente, no podrá manifestar la identidad del otro a no ser que esté legalmente determinada (art. 122 CC).
- ❖ Si los progenitores fueren hermanos o consanguíneos en línea recta, determinada respecto de uno, sólo podrá determinarse respecto del otro por autorización judicial previa audiencia al Ministerio Fiscal, cuando convenga al interés del menor (art. 125 CC).

En cuanto al **RECONOCIDO**

- ❖ Si es **MENOR**, requerirá el consentimiento expreso de su representante legal o la aprobación judicial con audiencia del Ministerio Fiscal, y del progenitor legalmente conocido (art. 124 CC). No será necesario:
  - ➢ si el reconocimiento se hubiere efectuado en testamento.
  - ➢ dentro del plazo para practicar de nacimiento la inscripción en el Registro Civil.

NO MATRIMONIAL (cont.)

La inscripción así practicada podrá suspenderse a simple petición de la madre durante el año siguiente al nacimiento. Para su confirmación a petición del padre, será necesaria la aprobación judicial con audiencia del Ministerio Fiscal.

- ❖ Si es **MAYOR DE EDAD**, no surtirá efectos sin su consentimiento expreso o tácito (art. 124 CC).
- ❖ Si es **MAYOR DE EDAD CON DISCAPACIDAD**, deberá prestar su consentimiento, de manera expresa o tácita, con los apoyos que requiera. Si existieran medidas de apoyo, conforme a lo establecido en ellas.

- Por **resolución recaída en expediente tramitado** en el Registro Civil.
- Por **sentencia firme.**
- Respecto a la **madre o progenitor gestante,** cuando se haga constar la inscripción de nacimiento dentro de plazo.

6.5. ACCIONES DE FILIACIÓN

6.5.1. Disposiciones generales sobre las acciones de filiación

1. PRINCIPIO DE LIBRE INVESTIGACIÓN DE LA MATERNIDAD Y LA PATERNIDAD (arts. 39. 2 CE, 767.2 LEC)
2. INTERVENCIÓN DEL MINISTERIO PÚBLICO (art. 749 LEC).
3. INDISPOSICIÓN DEL OBJETO: no cabe renuncia, allanamiento ni transacción. Sólo cabe el desistimiento con la conformidad del Ministerio Fiscal.
4. INADMISIÓN A TRÁMITE cuando la filiación que se pretenda impugnar esté declarada por sentencia firme (art. 764 LEC).
5. PRINCIPIO DE LIBERTAD DE PRUEBA: total libertad de prueba (art. 767 CC).
   a) **Necesidad de un principio de prueba:** necesidad de presentar un principio de prueba de los hechos en los que se funde la demanda.
   b) **Pruebas directas:** pruebas biológicas. La negativa a someterse a las pruebas de investigación no es por sí una ficta confessio (art. 767.4 LEC), pero sí al llegar a dicho convencimiento el tribunal concurriendo otros indicios.
6. ADOPCIÓN DE MEDIDAS CAUTELARES (art. 768 LEC):
   a) Medidas de protección de la persona y del patrimonio del menor.
   b) Acordar alimentos con carácter provisional.
   c) No podrá exigirse caución.
7. EXCLUSIÓN DE LA PUBLICIDAD (art. 754 LEC).
8. ACCESO DE LAS SENTENCIAS A LOS REGISTROS PÚBLICOS (art. 755 LEC).
9. LEGITIMACIÓN ACTIVA (art. 765 LEC):
   a) Las que correspondan a menores podrán ser ejercitadas por el Ministerio Fiscal o sus representantes legales.
   b) Las que correspondan a persona con discapacidad con medidas de apoyo para su ejercicio podrán ser ejercitadas por ella, por quien preste el apoyo y se encuentre facultado para ello o, en su defecto, por el Ministerio Fiscal.
10. LEGITIMACIÓN PASIVA (art. 766 LEC):
    a) Cuando se quiera reclamar la filiación, si no hubieran interpuesto ellos la demanda, los progenitores e hijos.
    b) Cuando se quiera impugnar la filiación, los que aparezcan como progenitores e hijos en virtud de la filiación determinada legalmente.

6.5.2. Acción de reclamación de filiación

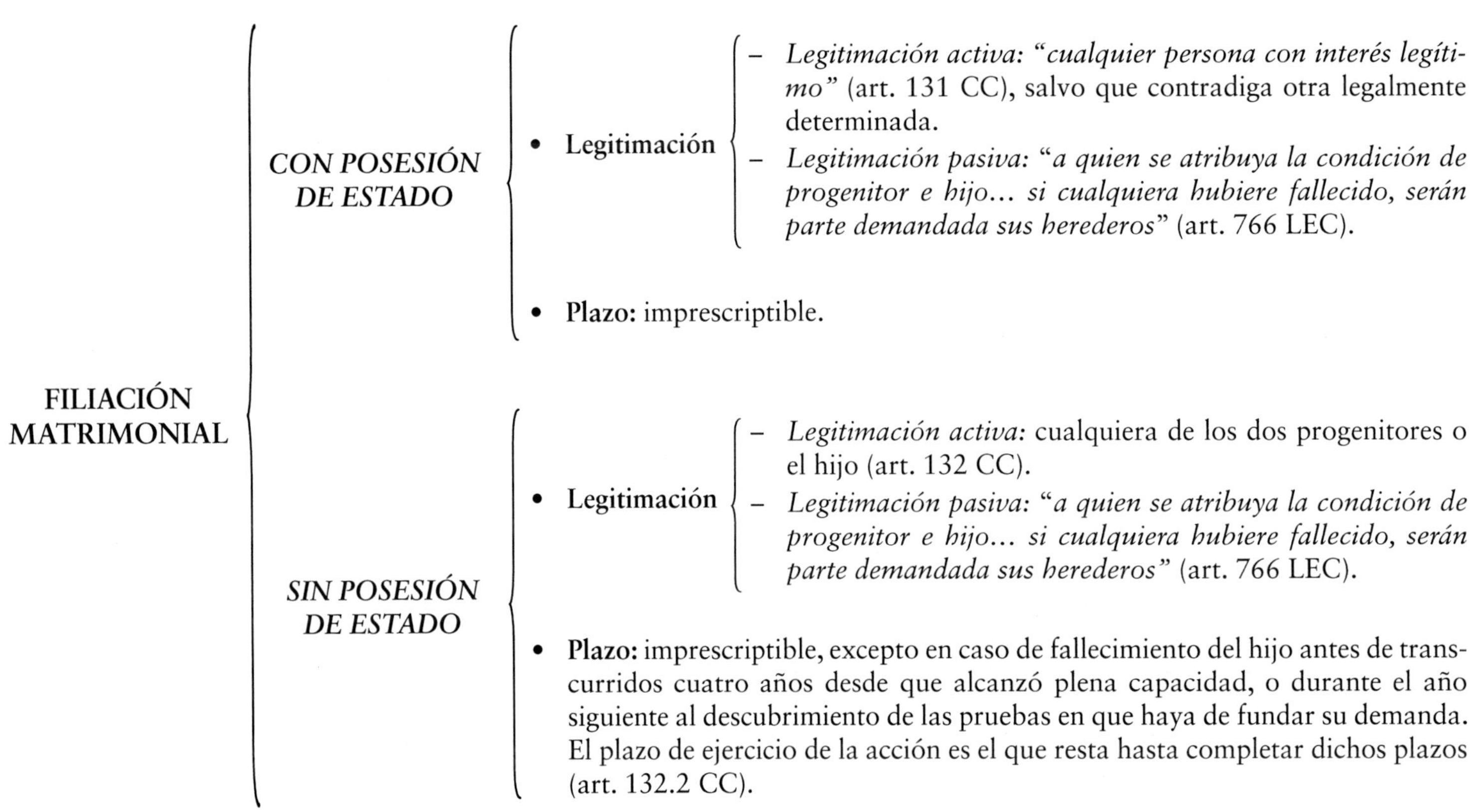

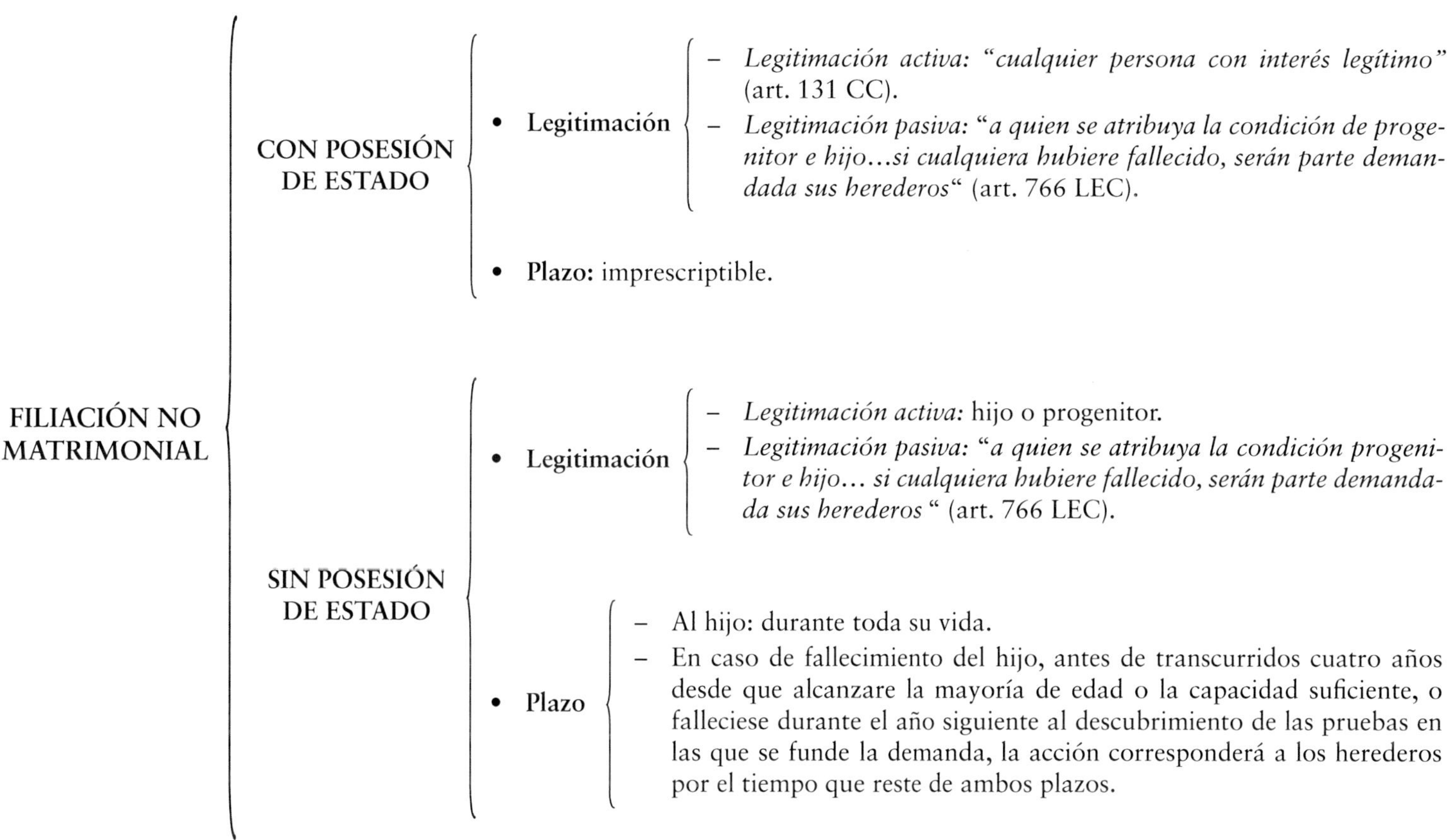

FILIACIÓN NO MATRIMONIAL

CON POSESIÓN DE ESTADO

- **Legitimación**
  - *Legitimación activa: "cualquier persona con interés legítimo"* (art. 131 CC).
  - *Legitimación pasiva: "a quien se atribuya la condición de progenitor e hijo...si cualquiera hubiere fallecido, serán parte demandada sus herederos"* (art. 766 LEC).
- **Plazo:** imprescriptible.

SIN POSESIÓN DE ESTADO

- **Legitimación**
  - *Legitimación activa:* hijo o progenitor.
  - *Legitimación pasiva: "a quien se atribuya la condición progenitor e hijo... si cualquiera hubiere fallecido, serán parte demandada sus herederos "* (art. 766 LEC).
- **Plazo**
  - Al hijo: durante toda su vida.
  - En caso de fallecimiento del hijo, antes de transcurridos cuatro años desde que alcanzare la mayoría de edad o la capacidad suficiente, o falleciese durante el año siguiente al descubrimiento de las pruebas en las que se funde la demanda, la acción corresponderá a los herederos por el tiempo que reste de ambos plazos.

6.5.3. *Acción de impugnación*

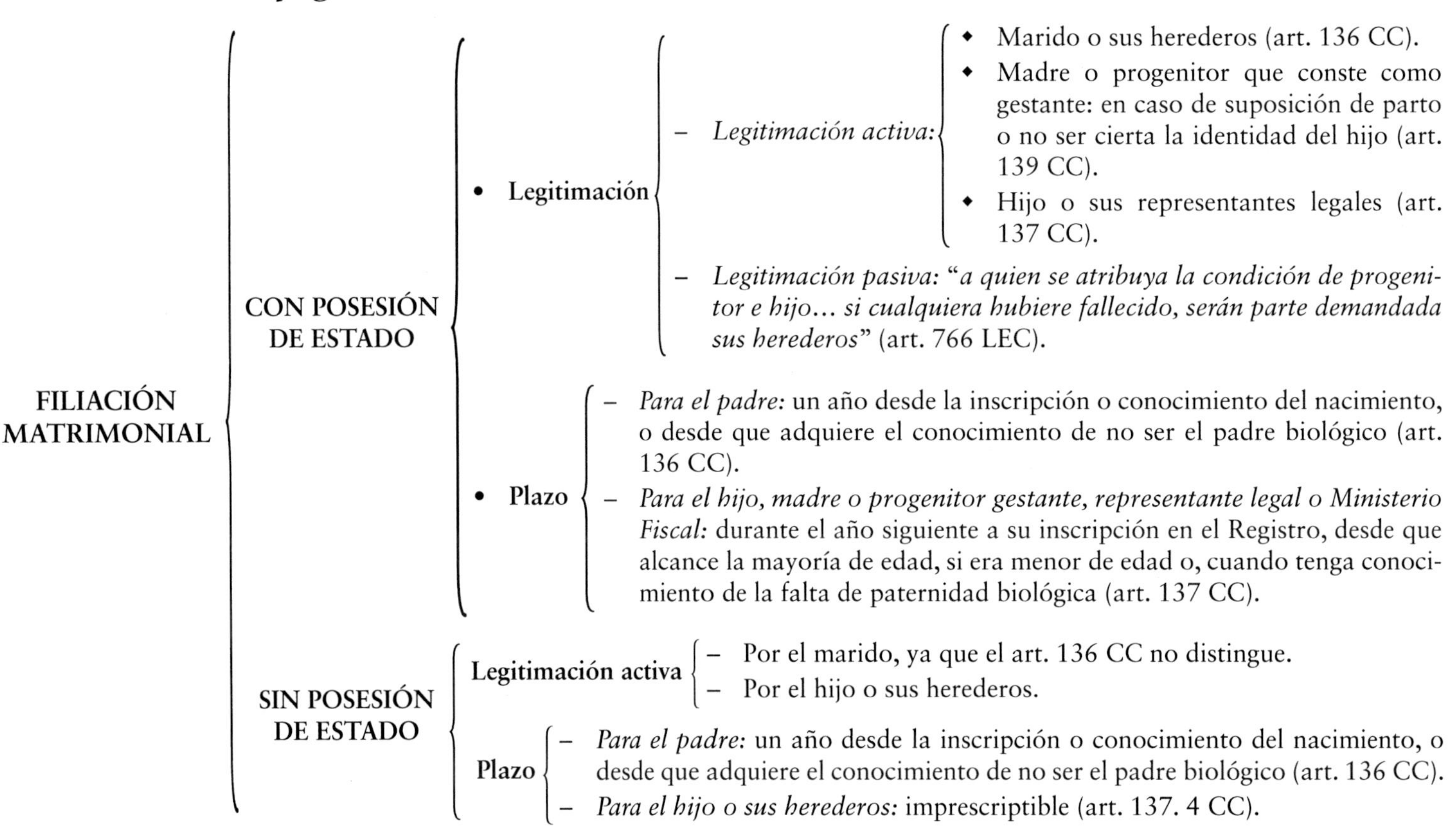

FILIACIÓN MATRIMONIAL

- CON POSESIÓN DE ESTADO
  - Legitimación
    - *Legitimación activa:*
      - Marido o sus herederos (art. 136 CC).
      - Madre o progenitor que conste como gestante: en caso de suposición de parto o no ser cierta la identidad del hijo (art. 139 CC).
      - Hijo o sus representantes legales (art. 137 CC).
    - *Legitimación pasiva: "a quien se atribuya la condición de progenitor e hijo… si cualquiera hubiere fallecido, serán parte demandada sus herederos"* (art. 766 LEC).
  - Plazo
    - *Para el padre:* un año desde la inscripción o conocimiento del nacimiento, o desde que adquiere el conocimiento de no ser el padre biológico (art. 136 CC).
    - *Para el hijo, madre o progenitor gestante, representante legal o Ministerio Fiscal:* durante el año siguiente a su inscripción en el Registro, desde que alcance la mayoría de edad, si era menor de edad o, cuando tenga conocimiento de la falta de paternidad biológica (art. 137 CC).
- SIN POSESIÓN DE ESTADO
  - Legitimación activa
    - Por el marido, ya que el art. 136 CC no distingue.
    - Por el hijo o sus herederos.
  - Plazo
    - *Para el padre:* un año desde la inscripción o conocimiento del nacimiento, o desde que adquiere el conocimiento de no ser el padre biológico (art. 136 CC).
    - *Para el hijo o sus herederos:* imprescriptible (art. 137. 4 CC).

6.6. LA FILIACIÓN Y LAS TÉCNICAS DE REPRODUCCIÓN ASISTIDA (arts. 7-9 de la Ley 14/2006, de 26 de mayo, sobre técnicas de reproducción humana asistida)

1. CARACTERES

- La inscripción en el Registro Civil nunca reflejará datos de los que se pueda inferir el carácter de la generación (art. 7.1 LTRAH).
- En caso de revelación de la identidad de los donantes en los casos legalmente previstos, no afectará a la determinación legal de la filiación.

2. DETERMINACIÓN

- Con respecto a la madre progenitora, por el nacimiento, previo consentimiento expreso a la fecundación.
- Con respecto al cónyuge: es necesario que concurran el consentimiento formal, previo y expreso a determinada fecundación con contribución de donante o donantes. Se excluye que pueda impugnar tal filiación.

PREMORIENCIA DEL VARÓN (art. 9 TRAH)

1. No puede determinarse legalmente la filiación ni reconocerse efecto o relación jurídica alguna entre el hijo nacido por la aplicación de las técnicas y el marido fallecido o el varón no unido por vínculo matrimonial, cuando el material reproductor de éste no se halle en el útero de la mujer en la fecha de la muerte del varón.
2. Cabe, no obstante, que el marido preste su consentimiento conforme al art. 6.3 LTRAH, en escritura pública, en testamento o documento de instrucciones previas, para que su material reproductor pueda ser utilizado en los 12 meses siguientes a su fallecimiento para fecundar a su mujer. Tal generación producirá los efectos legales que se derivan de la filiación matrimonial:

   2.1. El consentimiento es revocable en cualquier momento anterior a la realización de aquéllas.

   2.2. Se presume otorgado el consentimiento cuando el cónyuge supérstite hubiera estado sometido a un proceso de reproducción asistida ya iniciado para la transferencia de preembriones constituidos con anterioridad al fallecimiento del marido.

6.7. GESTACIÓN POR SUSTITUCIÓN

DEFINICIÓN	Contrato por el que se convenga la gestación, con o sin precio, a cargo de una mujer que renuncia a la filiación materna a favor del contratante o de un tercero, con independencia de que la mujer gestante aporte o no material genético y que el del padre sea o no del comitente (art. 10.1. TRAH).
CLASES	GESTACIÓN POR SUSTITUCIÓN: cuando tanto el útero como los óvulos pertenecen a la mujer gestante. GESTACIÓN POR SUSTITUCIÓN GESTACIONAL: sólo gestación con material ajeno.
MARCO JURÍDICO	– Ley Orgánica del Menor. – Art.10 LTHRA. – Arts. 1, 15, 16 y 43 LRC y 83 RRC. – **INSTRUCCIÓN DE LA DIRECCIÓN GENERAL DE LOS REGISTROS Y DEL NOTARIADO DE 5 DE OCTUBRE DE 2010 (BOE núm. 243)**, sobre régimen registral de la filiación de los nacidos mediante gestación por sustitución. – **INSTRUCCIÓN DE LA DIRECCIÓN GENERAL DE LOS REGISTROS Y DEL NOTARIADO DE 18 DE FEBRERO DE 2019 (BOE núm. 45)**, sobre actualización del régimen registral de la filiación de los nacidos mediante gestación por sustitución.
JURISPRUDENCIA DEL TRIBUNAL SUPREMO	– STS (Sala de lo Civil), de 5 de diciembre de 2013. – STS (Sala de lo Civil), de 15 de enero de 2014. – STS (Sala de lo Civil), de 6 de febrero de 2014. – STS (Sala de lo Social), de 25 de octubre de 2016. – STS (Sala de lo Social), de 16 de noviembre de 2016. – STS (Sala de lo Civil), de 31 de marzo de 2022.

JURISPRUDENCIA DEL TRIBUNAL EUROPEO DE DERECHOS HUMANOS	– Sentencia de 24 de enero de 2017, caso Paradiso y Campanelli contra el estado de Italia (asunto 25358/12).

Menores nacidos en España (art. 10 LTRAH)	• Nulidad del pacto o contrato. • La filiación de los hijos nacidos por gestación por sustitución será determinada por el parto. • Posible ejercicio de las acciones de reclamación por el padre biológico conforme a las reglas generales.
Menores nacidos en el extranjero	– **SÓLO** podrá realizarse presentando, junto a la solicitud de inscripción, la resolución judicial dictada por Tribunal competente en la que se determine la filiación del nacido. – **NUNCA** mediante una certificación registral extranjera o la simple declaración, acompañada de certificación médica relativa al nacimiento del menor en la que no conste la identidad de la madre gestante. – Salvo que resultara aplicable un Convenio internacional, la resolución judicial extranjera deberá ser **objeto de exequátur** según el procedimiento contemplado en la Ley de Enjuiciamiento Civil de 1881. Para proceder a la inscripción de nacimiento deberá presentarse ante el Registro Civil español, la solicitud de la inscripción y el auto judicial que ponga fin al mencionado procedimiento de exequátur. – En el caso de que la resolución judicial extranjera tuviera su origen **en un procedimiento análogo a uno español de jurisdicción voluntaria,** el encargado del Registro Civil controlará incidentalmente, como requisito previo a su inscripción, si tal resolución judicial puede ser reconocida en España. En dicho control incidental deberá constatar: a) La regularidad y autenticidad formal de la resolución judicial extranjera y de cualesquiera otros documentos que se hubieran presentado.

Menores nacidos en el extranjero (cont.)	b) Que el Tribunal de origen hubiera basado su competencia judicial internacional en criterios equivalentes a los contemplados en la legislación española. c) Que se hubiesen garantizado **los derechos procesales de las partes**, en particular, de la madre gestante. d) Que no se ha producido una vulneración del interés superior del menor y de los derechos de la madre gestante. En especial, deberá verificar que el consentimiento de esta última se ha obtenido de forma libre y voluntaria, sin incurrir en error, dolo o violencia y que tiene capacidad natural suficiente. e) Que la resolución judicial es firme y que los consentimientos prestados son irrevocables, o bien, si estuvieran sujetos a un plazo de revocabilidad conforme a la legislación extranjera aplicable, que éste hubiera transcurrido, sin que quien tenga reconocida facultad de revocación la hubiera ejercitado.

7. Sistemas de protección del menor

7.1. INTRODUCCIÓN

El contenido de la relación paterno-filial aparece claramente determinado en el art. 39.3 CE cuando afirma que "los padres deben prestar asistencia de todo orden a los hijos habidos dentro o fuera del matrimonio, durante su minoría de edad y en los demás casos en los que legalmente proceda". En consecuencia cabe considerar que la filiación genera sobre todo obligaciones a cargo de los progenitores, lo que implica por un lado, la determinación del contenido de la relación paterno-filial; y, por otro, el régimen de la patria potestad.

La patria potestad (responsabilidad parental) no puede ser considerada como un derecho subjetivo del paterfamilias sobre todos los hijos, sino como una potestad que el Derecho positivo atribuye con carácter indisponible a los padres para el desempeño de unas funciones. No obstante, cuando el menor de edad no puede ser o seguir integrado en la patria potestad, la ley articula una serie de mecanismos destinados al cuidado, representación y defensa del mismo mediante una serie de instituciones cuya fuente de inspiración es aquella.

La finalidad de estas instituciones tutelares es suplir o completar la capacidad de obrar de quien no la posee en plenitud, mediante:

a) La tutela

b) El defensor judicial

c) La guarda de hecho del menor.

Por otra parte, el art. 39 CE prevé también que el Estado garantizará la protección integral de los hijos, por lo que cuando los padres no cumplen con sus obligaciones y los menores sufren carencias procede la intervención del Estado.

7.2. LA PATRIA POTESTAD (RESPONSABILIDAD PARENTAL)

Concepto

- La patria potestad hace referencia al conjunto de deberes, derechos y atribuciones que ostentan los progenitores respecto de los hijos, que por ser menores de edad, se encuentran bajo la protección de sus padres.
- **Art. 154.2 C.c.:** "La patria potestad se ejercerá siempre en interés de los hijos, de acuerdo con su personalidad".

- La patria potestad compete a ambos progenitores, de forma conjunta y por principio inseparable, como consecuencia de la igualdad de sexos ante el Derecho.

* **Art. 154.1 C.c.:** "Los hijos no emancipados están bajo la patria potestad de los progenitores".

7.2.1. Los sujetos de la patria potestad

* **Ejercicio de la patria potestad por uno de los progenitores:**

- Cuando los actos relativos a los hijos sean realizados por uno de los progenitores "conforme al uso social y a las circunstancias o en situaciones de urgente necesidad" (**art. 156.1 C.c.**).
- Cuando uno de los progenitores actúe respecto de los hijos "con el consentimiento expreso o tácito del otro" (**art. 156.1 C.c.**).

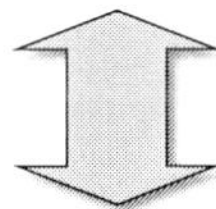

En caso de desacuerdo, cualquiera de los dos podrá acudir al Juez, quien, después de oír a ambos y al hijo si tuviera suficiente madurez y, en todo caso, si fuera mayor de doce años, atribuirá la facultad de decidir a uno de los dos progenitores. Si los desacuerdos fueran reiterados o concurriera cualquier otra causa que entorpezca gravemente el ejercicio de la patria potestad, podrá atribuirla total o parcialmente a uno de los progenitores o distribuir entre ellos sus funciones. Esta medida tendrá vigencia durante el plazo que se fije, que no podrá nunca exceder de dos años (art. 156.3 C.c.)

* **Ejercicio exclusivo de la patria potestad:**

- "Si los progenitores viven separados, la patria potestad se ejercerá por aquel con quien el hijo conviva. Sin embargo, la autoridad judicial, a solicitud fundada del otro progenitor, podrá, en interés del hijo, atribuir al solicitante la patria potestad para que la ejerza conjuntamente con el otro progenitor o distribuir entre ambos las funciones inherentes a su ejercicio" (**art. 156.5 C.c.**).

7.2.2. Contenido de la patria potestad

*PERSONAL

OBEDIENCIA FILIAL

***Art. 155.1 C.c.:** Los hijos deben "obedecer a sus padres mientras permanezcan bajo su potestad, y respetarles siempre".

DEBERES PATERNOS

1°. Velar por ellos, tenerlos en su compañía, alimentarlos, educarlos y procurarles una formación integral.

2°. Representarlos y administrar sus bienes (**art. 154 C.c.**).

Derecho de los menores a ser oídos

LA REPERESENTACIÓN LEGAL DE LOS MENORES

- **Art. 162 C.c.:** "Los padres que ostenten la patria potestad tienen la representación legal de sus hijos menores no emancipados".
  - **Excepciones:**
    1. Los actos relativos a los derechos de la personalidad que el hijo, de acuerdo con su madurez, pueda ejercitar por sí mismo.
    2. Aquellos en que exista conflicto de intereses entre los padres y el hijo.
    3. Los relativos a bienes que estén excluidos de la administración de los padres.

Para celebrar contratos que obliguen al hijo a realizar prestaciones personales se requiere el previo consentimiento de este si tuviere suficiente juicio, sin perjuicio de lo establecido en el art. 158 C.c.

EL DEFENSOR JUDICIAL

Art. 163 C.c.: "Siempre que en algún asunto los progenitores tengan un interés opuesto al de sus hijos no emancipados, se nombrará a estos un defensor que le represente en juicio y fuera de él. Se procederá también a este nombramiento cuando los padres tengan un interés opuesto al del hijo menor emancipado cuya capacidad deban completar.

Si el conflicto de intereses existiera sólo con uno de los progenitores, corresponde al otro por Ley y sin necesidad de especial nombramiento representar al menor o completar su capacidad".

*PATRIMONIAL

A) ADMINISTRACIÓN DE LOS BIENES:

- **Art. 164 C.c.:** "Los padres administrarán los bienes de los hijos con la misma diligencia que los suyos propios, cumpliendo las obligaciones generales de todo administrador y las especiales establecidas en la L.H.".

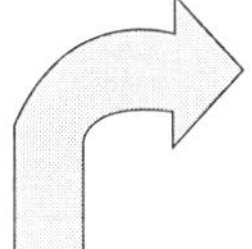

Los padres deben:

- Llevar las cuentas correspondientes y, en su caso, rendirlas (art. 168 C.c.)
- Administrar los bienes filiales diligentemente (arts. 167 y 168.2 C.c.).

B) BIENES EXCLUIDOS DE LA ADMINISTRACIÓN DE LOS PROGENITORES:

- **Art. 164.2 C.c.:** "1°. Los bienes adquiridos por título gratuito cuando el disponente lo hubiere ordenado de manera expresa. Se cumplirá estrictamente la voluntad de este sobre la administración de estos bienes y destinos de sus frutos.

  2°. Los adquiridos por sucesión en que uno o ambos de los que ejerzan la patria potestad hubieran sido justamente desheredados o no hubieran podido heredar por causa de indignidad, que serán administrados por la persona designada por el causante y, en su defecto y sucesivamente, por el otro progenitor o por un Administrador Judicial especialmente nombrado.

  3°. Los que el hijo mayor de dieciséis años hubiera adquirido con su trabajo o industria. Los actos de administración ordinaria serán realizados por el hijo, que necesitará el consentimiento de los padres para los que excedan de ella".

C) LOS FRUTOS DE LOS BIENES FILIALES:

- **Art. 165 C.c.:** "Pertenecen siempre al hijo no emancipado los frutos de sus bienes, así como todo lo que adquiera con su trabajo o industria".

  Sin embargo, los padres podrán destinar los del menor que conviva con ellos o con uno solo de ellos, en la parte que le corresponda, al levantamiento de las cargas familiares:

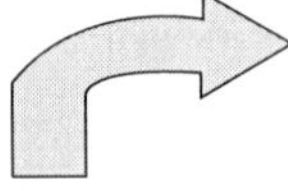

- **Excepciones:**
  - Los frutos de los bienes referidos en el art. 164. 1 y 2 C.c.
  - Los donados o dejados a los hijos para su educación o carrera, salvo necesidad de los padres.

D) EL CONTROL JUDICIAL DE LOS ACTOS DISPOSITIVOS: art. 166 C.c.

E) LOS DEBERES PATRIMONIALES DE LOS HIJOS: art. 155.2 C.c.

- "Los hijos deben contribuir equitativamente, según sus posibilidades, al levantamiento de las cargas familiares mientras convivan con ella".

7.2.3. Extinción, privación, suspensión y recuperación de la patria potestad

A) EXTINCIÓN DE LA PATRIA POTESTAD:

- **Art. 169 C.c.:** "La patria potestad se acaba:
  1º. Por la muerte o la declaración de fallecimiento de los padres o del hijo.
  2º. Por la emancipación.
  3º. Por la adopción del hijo".

B) PRIVACIÓN Y SUSPENSIÓN DE LA PATRIA POTESTAD:

- **Art. 170.1 C.c.:** "Cualquiera de los progenitroes podrá ser privado total o parcialmente de su potestad por sentencia fundada en el incumplimiento de los deberes inherentes a la misma o dictada en causa criminal o matrimonial".
  * La privación de la patria potestad ha de decidirse atendiendo a los intereses del menor.
  * Deben ser incumplimientos graves, reiterados, de índole personal o patrimonial, y consecuencia de una actuación y conducta imputable al progenitor.
  * La privación de la patria potestad puede ser total o parcial y solo para determinados ámbitos, pudiendo afectar a uno solo de los progenitores o a los dos.

C) RECUPERACIÓN DE LA PATRIA POTESTAD:

- **Art. 170.2 C.c.:** "Los Tribunales podrán, en beneficio e interés del hijo, acordar la recuperación de la patria potestad cuando hubiere cesado la causa que motivó la privación".

7.3. GUARDA Y ACOGIMIENTO DE MENORES. LA ADOPCIÓN

La protección del menor de edad en situación de desamparo ha sido objeto de una especial atención por parte del legislador, entre otras normas cabe citar las que siguen:

- **Ley 21/1987, de 11 de noviembre, relativa a la adopción.**
- **Ley Orgánica 1/1996, de 15 de enero, de Protección Jurídica del Menor.**
- **Ley 26/2015, de 28 de julio, de modificación del sistema de protección a la infancia y a la adolescencia.**
- **Ley Orgánica 8/2015, de 22 de julio, de modificación del sistema de protección a la infancia y a la adolescencia, en la que se define el "interés superior del menor".**

7.3.1. La situación de riesgo

- **Art. 17 LPJM 1996, modificado art. 10 LPIA:** "Se considera situación de riesgo aquella en la que, a causa de circunstancias, carencias o conflictos familiares, sociales o educativos, el menor se vea perjudicado en su desarrollo personal, familiar, social o educativo, en su bienestar o en sus derechos de forma que, sin alcanzar la entidad, intensidad o persistencia que fundamentarían su declaración de situación de desamparo y la asunción de la tutela por ministerio de la ley, sea precisa la intervención de la administración pública competente, para eliminar, reducir o compensar las dificultades o inadaptación que le afectan y evitar su desamparo y exclusión social, sin tener que ser separado de su entorno familiar".

7.3.2. La situación de desamparo

- **Art. 172.1.2 C.c. reformado por LPIA:** "Se considera como situación de desamparo la que se produce de hecho a causa del incumplimiento o del imposible o inadecuado ejercicio de los deberes de protección establecidos por las leyes para la guarda de los menores, cuando éstos queden privados de la necesaria asistencia moral o material".

a) **La guarda del menor: origen:**

1°. Solicitud de los propios guardadores legales (padres o tutores): art. 172 bis, apartado 1° C.c.

2°. Decisión judicial o administrativa: art. 172 bis, apartado 2° C.c.

b) **La tutela automática:**

- **Art. 172.1 C.c.:** "Cuando la Entidad Pública a la que, en el respectivo territorio, esté recomendada la protección de los menores constate que un menor se encuentra en situación de desamparo, tiene por ministerio de la ley la tutela del mismo y deberá adoptar las medidas de protección necesarias para su guarda, poniéndolo en conocimiento del Ministerio Fiscal y en su caso del Juez que acordó la tutela ordinaria. La resolución administrativa que declare la situación de desamparo y las medidas adoptadas se notificará en legal forma a los progenitores tutores o guardadores y al menor afectado si tuviere suficiente madurez y, en todo caso, si fuere mayor de doce años, de forma inmediata sin que sobrepase el plazo máximo de cuarenta y ocho horas".

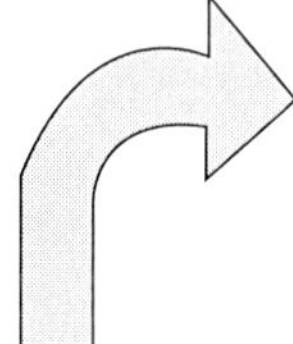

* El efecto fundamental de la tutela automática es la suspensión de la patria potestad o de la tutela ordinaria.

* Durante el plazo de dos años desde la notificación de la resolución de desamparo los padres que continúen ostentando la patria potestad aunque la tengan suspendida, o los tutores que tengan suspendida la tutela, podrán oponerse a las decisiones que se adopten respecto de la protección del menor y también solicitar la revocación de la declaración de desamparo; pasado dicho plazo perderán este derecho, aunque siempre podrán informar a la entidad pública o al Ministerio Fiscal de cualquier cambio en las circunstancias (art. 172.2 C.c.).

* La LPIA reconoce una superior vigilancia de la tutela, acogimiento o guarda de los menores al Ministerio Fiscal (art. 174 C.c.).

c) **El acogimiento de menores:**

- **Art. 172 ter C.c.:** "1. La guarda se realizará mediante el acogimiento familiar y, no siendo este posible o conveniente para el interés del menor, mediante el acogimiento residencial. El acogimiento familiar se realizará por la persona o personas que determine la Entidad Pública. El acogimiento residencial se ejercerá por el Director o responsable del centro donde esté acogido el menor, conforme a los términos establecidos en la legislación de protección de menores.

  No podrán ser acogedores los que no puedan ser tutores de acuerdo con lo previsto en la ley.

  La resolución de la Entidad Pública en la que se formalice por escrito la medida de guarda se notificará a los progenitores o tutores que no estuvieran privados de la patria potestad o tutela, así como al Ministerio Fiscal.

  2. Se buscará siempre el interés del menor y se priorizará, cuando no sea contrario a ese interés, su reintegración en la propia familia y que la guarda de los hermanos se confíe a una misma institución o persona para que permanezcan unidos. La situación del menor en relación con su familia de origen, tanto en lo que se refiere a su guarda como al régimen de visitas y otras formas de comunicación, será revisada al menos cada seis meses".

- **Clases de acogimiento familiar: art. 173 bis C.c.:**

  1º. Acogimiento familiar en la propia familia extensa del menor o en familia ajena, pudiendo este último ser especializado.

  2º. El acogimiento familiar puede adoptar las siguientes modalidades atendiendo a su duración y objetivos:

  *a) **Acogimiento familiar de urgencia***:

  1. Menores de 6 años.
  2. Duración no superior a 6 meses, mientras se decide la medida de protección familiar que corresponda.

  *b) **Acogimiento familiar temporal***:

  1. Tiene carácter transitorio.

2. Duración máxima de dos años, salvo que atendiendo al interés del menor sea aconsejable la prórroga por la previsible e inmediata reintegración familiar o la adopción del menor.

*c) **Acogimiento familiar permanente***: se constituye al finalizar los dos años del acogimiento familiar ante la ausencia de reintegración o por tratarse de menores con necesidades especiales.

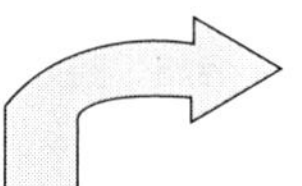

* El acogimiento familiar produce la plena participación del menor en la vida familiar.
* La persona que lo ejercita debe velar por el menor, tenerlo en su compañía, alimentarlo, educarlo y procurarle una formación integral.
* Debe formalizarse por escrito, con el consentimiento de la entidad pública, las personas que reciban al menor, de este si tuviera suficiente madurez y, en todo caso, si fuera mayor de doce años y, en su caso, de los padres o el tutor del menor, recogiéndose en el documento de formalización los derechos y deberes de cada una de las partes.

7.3.3. La adopción

a) Requisitos de la adopción: art. 175.4 C.c. conforme redacción LPIA:

1º. El menor debe encontrarse en situación de desamparo.

2º. Nadie puede ser adoptado por más de una persona, salvo que la adopción se realice de forma conjunta o sucesivamente por ambos cónyuges o por una pareja unida por análoga relación de afectividad a la conyugal. El matrimonio celebrado con posterioridad a la adopción permitirá al cónyuge la adopción de los hijos de su consorte.

3º. La muerte del adoptante o la exclusión del mismo por las causas previstas en el art. 179 C.c. permitirá una nueva adopción del adoptado.

b) **Requisitos de los adoptantes: art. 175.1 C.c. conforme redacción LPIA:**

1. El adoptante debe ser mayor de 25 años. Si son dos los adoptantes bastará que uno de ellos haya alcanzado esta edad.
2. La diferencia entre adoptante y adoptado será al menos de 16 años y no podrá ser superior a 45 años, salvo en los casos previstos en el art. 176.2. Cuando fueran dos los adoptantes será suficiente con que uno de ellos no tenga esa diferencia máxima de edad con el adoptando.
3. Cuando los adoptantes están en condiciones de adoptar grupos de hermanos o menores con necesidades especiales, la diferencia máxima de edad podrá ser superior.

c) **El adoptado: art. 175.2 C.c. conforme redacción LPIA:**

Cabe la adopción de un mayor de edad o menor emancipado cuando inmediatamente antes de la emancipación, hubiere existido una situación de acogimiento con los futuros adoptantes o de convivencia estable con ellos, de al menos un año (art. 175.2 C.c.).

d) **Las prohibiciones: art. 175.3 y 4 C.c. conforme a la redacción LPIA.**

e) **Procedimiento de adopción:**

a. ***Propuesta de la entidad pública***: art. 176.2 C.c. conforme redacción LPIA:
   * Declaración de idoneidad.

b. ***Solicitud privada de adopción***: art. 176.2 C.c. conforme redacción LPIA:
   * No se requiere propuesta de la entidad pública cuando en el adoptando concurra alguna de las siguientes circunstancias:
      1. Ser huérfano y pariente del adoptante en tercer grado por consanguinidad o afinidad.
      2. Ser hijo del cónyuge o de la persona unida al adoptante por análoga relación de afectividad a la conyugal.
      3. Llevar más de un año en guarda con fines de adopción o haber estado bajo tutela del adoptante el mismo tiempo.
      4. Ser mayor de edad o menor emancipado.

f) **Proceso de jurisdicción voluntaria:**

- **Art. 33 y ss. LJV**
- **Art. 177 C.c. conforme redacción LPIA:**

1º. ***Consentimiento***: Art. 177.1 C.c.: en presencia del juez, el adoptante/es y el adoptado mayor de 12 años.

2º. ***Asentimiento:*** Art. 177.2 C.c.

* El cónyuge del adoptante o la persona a la que esté unida por análoga relación de afectividad a la conyugal, siempre que no sea también adoptante, salvo que medie separación o divorcio legal o ruptura de la pareja que conste fehacientemente.

* Los progenitores del adoptando que no se hallare emancipado, a menos que estuvieran privados de la patria potestad por sentencia firme o incursos en causa legal para tal privación.

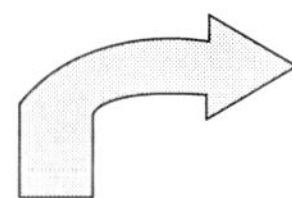

* No será necesario el asentimiento cuando los que deban prestarlo se encuentren imposibilitados para ello, imposibilidad que se apreciará motivadamente en la resolución judicial que constituya la adopción.

* El asentimiento de la madre no podrá prestarse hasta que hayan transcurrido seis semanas desde el parto.

3º. ***Audiencia:*** deben ser oídos por el Juez: Art. 177.3 C.c.

* Los padres que no hayan sido privados de la patria potestad, cuando su asentimiento no sea necesario para la adopción.

* El tutor y, en su caso, el guardador o guardadores.

* El adoptando mayor de doce años, si tuviere suficiente juicio.

* La entidad pública, a fin de apreciar la idoneidad del adoptante, cuando el adoptado lleve más de un año acogido legalmente por aquél.

g) **Constitución de la adopción: art. 176.1 C.c.:** "La adopción se constituirá por resolución judicial, que tendrá en cuenta siempre el interés del adoptando y la idoneidad del adoptante o adoptantes para el ejercicio de la patria potestad.

h) **Irrevocabilidad de la adopción: art. 180 C.c.:** "La adopción es irrevocable".

* **Art. 180.4 C.c.:** "La determinación de la filiación que por naturaleza corresponda al adoptado no afecta a la adopción":

* **Excepcionalmente:** durante los dos años siguientes al auto judicial, la adopción regularmente constituida puede ser contradicha y privada de efectos por no haber prestado el padre o la madre del hijo adoptivo su asentimiento al cambio familiar producido.

* Si el adoptante incurre en causa de privación de la patria potestad, puede ser excluido por el Juez de las funciones y derechos que por Ley le correspondan (art. 179 C.c.).

i) **Efectos de la adopción:**

- **Relaciones adoptante/adoptado:**
  - * La adopción determina la relación de filiación entre adoptante y adoptado en igualdad de condiciones con la filiación consanguínea, sea matrimonial o no matrimonial (art. 108 C.c.).
  - * El adoptante ostenta la patria potestad respecto del hijo adoptivo, en idénticos términos a los que se darían respecto de cualquier hijo consanguíneo y le transmite sus apellidos.
  - * La obligación de alimentos rige entre adoptante y adoptado.
  - * El hijo adoptivo ocupa en la sucesión los mismos derechos hereditarios que los hijos biológicos.

- **Relaciones adoptado/familia biológica:**
  * Art. 178 C.c. "La adopción produce la extinción de los vínculos jurídicos entre el adoptado y su familia de origen".

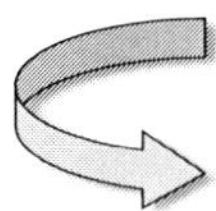

  * **Excepciones:**
    1º. Cuando el adoptado sea hijo del cónyuge o de la persona unida al adoptante, por análoga relación de afectividad a la conyugal aunque el consorte o la pareja hubiera fallecido.
    2º. Cuando solo uno de los progenitores haya sido legalmente determinado, siempre que tal efecto hubiera sido solicitado por el adoptante, el adoptado mayor de doce años y el progenitor cuyo vínculo haya de persistir.

- **Orígenes biológicos de las personas adoptadas:**

  * **Art. 180. 5 C.c.:** "Las Entidades Públicas asegurarán la conservación de la información de que dispongan relativa a los orígenes del menor, en particular la información respecto a la identidad de sus progenitores, así como la historia médica del menor y de su familia, y se conservarán durante al menos cincuenta años con posterioridad al momento en que la adopción se haya hecho definitiva. La conservación se llevará a cabo a los solos efectos de que la persona adoptada pueda ejercitar el derecho al que se refiere el apartado siguiente".

  * **Art. 180.6 C.c.:** "Las personas adoptadas, alcanzada la mayoría de edad o durante su minoría de edad a través de sus representantes legales, tendrán derecho a conocer los datos sobre sus orígenes biológicos. Las Entidades Públicas, previa notificación a las personas afectadas, prestarán a través de sus servicios especializados el asesoramiento y la ayuda que precisen para hacer efectivo este derecho.

    A estos efectos, cualquier entidad privada o pública tendrá obligación de facilitar a las Entidades Públicas y al Ministerio Fiscal, cuando les sean requeridos, los informes y antecedentes necesarios sobre el menor y su familia de origen".

7.4. LA TUTELA Y GUARA DE MENORES

Modificación del Título IX del Libro Primero por la Ley 8/2021, de 2 de junio, por la que se reforma la legislación civil y procesal para el apoyo a las personas con discapacidad en el ejercicio de su capacidad jurídica.

7.4.1. La tutela

- ***Régimen jurídico***: arts. 199 a 234 C.c.
  - **Sujetos sometidos a tutela: art. 199 C.c.**
  - **Constitución de la tutela:**
    - * Sujetos obligados: arts. 206 y 207 C.c.
    - * Nombramiento del tutor: art. 208 C.c.
    - * Orden de preferencias para el nombramiento de tutor:
      - o Arts. 213, 214 y 215 C.c.
      - o Llamamiento plural: art. 218 y 220 C.c.
        - * Art. 219 C.c.: ejercicio de las facultades de tutela con carácter solidario.
  - **Capacidad para ser tutor:**
    - * Personas físicas: art. 211 C.c.
    - * Personas jurídicas: art. 212 C.c.
    - * Sujetos excluidos: arts. 216 y 217 C.c.

- **Ejercicio de la tutela:**
  - * Obligaciones del tutor: art. 228 C.c.
  - * Autorizaciones judiciales en el ejercicio de la tutela: arts. 271-273 C.c.
  - * Prohibiciones: art. 226 C.c.
  - * Indemnización: art. 230 C.c.
  - * Rendición de cuentas: arts. 232 y 233 C.c.
  - * Responsabilidad: art. 234 C.c.
  - *Retribución: art. 229 C.c.

- **Remoción y excusa de la tutela:** art. 223 C.c.
- **Cese y extinción:** arts. 276 y 277 C.c.

7.4.2. El defensor judicial

- **Casos en los que procede:** art. 235 C.c.
- **Régimen jurídico:** art. 236 C.c.

7.4.3. La guarda de hecho

- **Concepto:** comportamiento fáctico que parte de una persona que espontáneamente asume la defensa de los intereses de un menor o persona con discapacidad.
- **Régimen jurídico:** arts. 237 y 238 C.c.